R. 2545. pté
C.

13800

L'HYPOTHÉSE
DES PETITS
TOURBILLONS.

L'HYPOTHÉSE
DES PETITS
TOURBILLONS,
JUSTIFIÉE
PAR SES USAGES;

Où l'on fait voir que la Physique, qui doit son commencement aux Tourbillons, ne peut mieux être perfectionnée qu'en poussant le principe qui l'a fait naître.

Par Mr. DE KERANFLECH.

A RENNES;

Chez { JULIEN VATAR, père, Place du Palais, & rue de Bourbon.
JULIEN-CHARLES VATAR, fils, au coin des rues Royale & d'Estrées, au Parnasse.

―――――――――

M. DCC. LXI.
Avec Approbation & Privilège du Roi.

DISCOURS
PRÉLIMINAIRE.

IL est de la nature des sciences humaines de ne se perfectionner que successivement; & jamais un premier Auteur n'épuise absolument un grand sujet. Il n'est pas en effet étonnant que le premier homme qui se propose d'examiner un objet vaste, n'en découvre pas d'abord toutes les faces; ni que des idées, qu'il ne fait que jetter, viennent à paroître défectueuses à ceux qui ont le tems & les moyens de les mieux digérer dans la suite.

Mais c'est à ceux qui, à l'aide même des lumières qu'ils tiennent de lui, s'apperçoivent

DISCOURS

de ses défauts, à être équitables à son égard, à ne pas s'élever trop vîte contre des commencemens informes, qui peut-être demanderoient plûtôt une continuation, & qui peuvent renfermer le germe de la perfection qui leur manque.

Un sistême de Physique est une matière immense. Il s'agit du Plan général de l'Univers ; de découvrir la disposition & l'ordonnance de ses parties, la composition des différens corps, & la méchanique qui produit tous les effets que l'on y voit. Il s'agit de faire dépendre toutes ces choses d'une seule supposition, d'un seul principe ; de trouver une idée dont le développement soit l'explication de toute la Nature.

Le célébre Mr. Descartes crut que l'idée du Tourbillon

PRÉLIMINAIRE.

étoit celle qu'on cherchoit. Il Imagina le monde entier diſtribué en tourbillons énormes. Il mit chaque étoile fixe au centre d'un tourbillon, prenant auſſi le ſoleil pour une fixe. Autour du ſoleil, les planètes tournoient inégalement vîte, ſelon leurs différentes diſtances ; autour des planètes, leurs ſatellites ; &c. Ce grand homme crut ainſi rendre raiſon de tous les mouvemens céleſtes, de tous les phénomènes naturels, de tous les effets ; & donner une clef générale dans cette ſeule hypothèſe.

Mais, ni Mr. Deſcartes, ni perſonne de ſon tems n'avoit approfondi l'idée du tourbillon. On ne ſçavoit rien des forces centrifuges : on ne ſoupçonnoit pas même que le tourbillon fût deſtiné à devenir l'objet d'une nouvelle théorie.

DISCOURS

Auſſi le ſiſtême de Deſcartes n'étoit-il qu'ébauché lorſque Mr. Newton parut.

Celui-ci mieux informé des faits, par ſa propre induſtrie & par le tems, vit que pluſieurs expériences & pluſieurs obſervations combattoient l'hypothèſe des tourbillons, & qu'elle ne ſe pouvoit plus ſoutenir telle qu'elle étoit. Mais il ne s'amuſa point à regarder ſi elle pouvoit devenir meilleure : il la rejetta d'abord entièrement, & ſe tourna d'un autre côté.

L'ouvrage qu'il oppoſa bientôt au ſiſtême des tourbillons, ou plûtôt à l'ébauche de ce ſiſtême, eſt un chef-d'œuvre pour le deſſein, pour la conduite & pour la forme. Il y prouve manifeſtement deux vérités : 1°. que les planètes péſent vers le ſoleil, les ſa-

PRÉLIMINAIRE.

tellites vers les planètes, dans la même raison & de la même manière que les graves vers la terre ; 2°. que les espaces célestes ne résistent point au mouvement translatif des planètes, non plus qu'à celui des comètes qui traversent le ciel en tout sens.

Ces deux faits sont bien avérés : ils partagent l'ouvrage de Mr. Newton en deux magnifiques théories ; l'une, des *forces centrales* ; l'autre, de la *résistance des milieux*. Dans la première il établit que la cause de la pesanteur, ou gravitation des corps célestes, est la même que celle des autres graves. Cela est indiqué suffisamment par l'analogie qu'on voit entr'elles ; on en convient de part & d'autre.

Cette remarque sur la pesanteur est d'un goût exquis.

Elle éclaire admirablement la Physique, & en fait un des plus beaux points de vue.

Mais Mr. Newton ne devinant point la cause de cette gravitation, conclut, ou bien qu'elle n'en a point, & qu'il est de la matière de peser comme d'être divisible, ou d'être mobile; ou qu'elle pése en vertu d'une loi primordiale, & d'une institution naturelle. Au reste il avertit qu'il s'en tient au seul fait, qu'il considère mathématiquement, & qu'il n'examinera point physiquement, dût-il avoir une cause physique. C'est-à-dire que toute matière pése, ou tend naturellement vers un centre; ou que les centres ont généralement la puissance *d'attirer*; que *l'attraction*, par conséquent, ou la gravitation est réciproque; que la pesanteur est toujours proportionnelle à la matière ; & qu'ainsi *pesanteur* & *densité* se peuvent prendre l'une pour l'autre.

De l'autre théorie Mr. Newton conclut que tous les cieux sont *vuides*. Ayant ainsi supprimé le véhicule de la lumière, il la fait venir en petits corpuscules, par un mouvement translatif, du soleil jusqu'à nous. Les pores des corps sont pareillement *vuides*, &c. En un mot, de même qu'à *l'impulsion* il ajoûte *l'attraction*, & qu'il veut que les deux influent & se combinent ensemble dans tous les effets; de même, à la *matière* il ajoûte *le vuide*, & lui donne aussi un rôle à jouer dans les phénomènes de la nature. Desorte qu'au lieu que la *matière*, avec le seul *mouvement* d'impulsion, composoit le monde de

Descartes; il faut, dans le monde Newtonien, considérer quatre choses, *l'impulsion, l'attraction, la matière & le vuide.*

Cette multiplicité de principes déshonoreroit un sistême : mais on a soin de nous avertir que le Newtonianisme n'est pas un sistême : *Ego hypothesim non fingo* *. Mr. Newton n'a point travaillé sur des conjectures, des *peut-être*. Il n'a suivi ni son imagination, ni celle des autres. L'experience, la géométrie, le calcul, voilà ses guides ; & les Newtoniens, après lui, ne procédent que par les mêmes voies. Ce n'est donc pas ici une suite de vraisemblances & de possibilités, comme dans les autres Physiques. C'est une suite d'observations qui ont

* Newton.

passé en principes, une chaîne de faits qu'on ne peut plus rompre.

C'est un fait que le centre de la terre attire tous les graves, & que la cause de la pesanteur consiste dans cet attrait. Mais ce n'est point ici un *appétit*, une *vertu* péripatétique ; il y a bien de la différence : car ce ne sont pas ici les graves qui demandent à aller au centre, c'est le centre qui veut les avoir.

C'est un fait que toute matière pése ; car toutes celles qu'il a été possible de soumettre à l'expérience, se sont trouvées pesantes : donc on a lieu de croire que les autres, comme le feu, la lumière, l'air solitairement pris sans l'atmosphère terrestre, pésent tout de même. On voit que tous les corps grossiers, sans exception, pésent proportionnellement à la matière qui est en eux : donc c'est à la matérialité que la gravitation est attachée. Donc, puisque le feu, l'air, &c. sont véritablement des matières, ils gravitent par la même raison. Ainsi toute matière est pesante, puisque ces dernières pésent; & ces dernières-ci pésent, puisque toute matière pése.

C'est un fait que les corps célestes ne gardent entr'eux les intervalles qu'on voit, que parce qu'ils sont également attirés de toutes parts. D'où il suit qu'il n'y a corps céleste qui ne soit également attiré de toutes parts. Donc le monde est sans bornes.

C'est un fait que les espaces célestes ne sont qu'un *vuide immense*; un *rien* étendu en longueur, largeur & profondeur; un rien qui enveloppe tous les astres, qui est divisible à l'infini, & le reste; une étendue prodigieuse qui n'est ni un être, ni une manière d'être, c'est-à-dire, ni substance, ni mode. Ce n'est pas une substance; car tout seroit plein. Ce n'est pas un mode, ou une manière d'être; car un mode ne peut exister qu'avec la substance dont il est mode. La rondeur ne peut exister qu'avec la substance ronde. L'étendue des cieux n'existeroit donc qu'avec la substance étendue; ainsi tout seroit encore plein. Donc cette étendue n'est ni substance, ni mode. Ce n'est rien: mais elle est immense. Tout ce qu'il y a de matière au monde, en comparaison d'elle, n'est qu'un point. Ce n'est qu'une privation de solidité; mais elle a plus de dimensions que tous les solides de l'Univers. Ce n'est rien : mais elle n'en a pas moins de propriétés. Et c'est un admirable paradoxe que le monde étant composé de deux parties, sçavoir, de la matière & du vuide, celle des deux qui est réelle soit infiniment moindre que l'autre, & que celle qui n'est rien soit la plus grande.

Il est démontré que la lumière émane du soleil, qu'elle vient delà ici par un mouvement translatif en sept minutes, & que par un pareil mouvement translatif elle vient des objets dans nos yeux ; sauf à sçavoir ce qu'elle devient ensuite ; comment le soleil y suffit, comment les termes de sa translation n'en grossissent pas, comment toute l'étendue des airs ne s'en emplit pas ; & qui plus est, sauf à sçavoir quelle admirable puissance conserve & la rapidité & la direction de cette matière, malgré les chocs continuels, malgré les mouvemens opposés de diverses lumières, & malgré tous les croisemens que les rayons souffrent par tout le monde.

Il est démontré que le *feu* n'est pas un effet physique méchaniquement produit, mais une matière particulière qui par elle-même est *feu* : & les merveilleuses propriétés de cette matière de feu raviffent les Philosophes. Par exemple, elle *s'allume* d'elle-même, par le choc de ses particules les unes contre les autres : non pas en toute occasion, cela seroit importun ; ni dans les chaleurs excessives, elle consumeroit tout, on voit même que le feu allumé s'affoiblit au soleil, quelquefois jusqu'à s'éteindre; mais elle s'allume ainsi dans les nécessités, comme en certaines expériences qu'on ne sçauroit expliquer sans cela.

Elle *se dilate* aussi, & *se condense* d'elle-même. C'est elle qui, en donnant quelquefois toute liberté à son ressort, produit ces énormes fracas du tonnerre, de la poudre, ainsi du reste. Et avec tant de force néanmoins, elle est si complaisante qu'elle se réduit comme volontairement dans les pores des matières, sans poids ni puissance qui l'y contraigne, à un dégré de condensation capable de faire sauter des murailles.

Cependant la matière ignée ne pése pas beaucoup dans la poudre : mais elle le sçait faire au besoin. C'est elle qui, en se condensant dans certaines matières calcinées, en augmente le poids. On l'a vue dans vingt livres de plomb calciné, à la satisfaction de toute la Secte, les faire peser vingt-cinq ; & l'on ne sçait point ce qu'elle ne feroit pas pour des amis. Elles les fait quittes de causes méchaniques ; elle les défraye entièrement dans toutes leurs explications ; elle les met enfin en état de philosopher sur toutes choses, d'une manière très-commode & très-expéditive : car il ne faut que pousser cette idée, & on établira pareillement qu'il y a une matière particulière qui par elle-même est *eau*, qu'une autre matière est *huile*, &c. Ainsi l'on nous ramenera en triomphe *les formes substantielles*.

Il est démontré que la réfraction des rayons de la lumière vient de ce que les *mi-*

lieux qu'elle traverse sont inégalement attirans. Quand elle entre en un plus attirant, elle approche de la perpendiculaire ; quand elle entre en un moins attirant, elle s'en éloigne. Quand la lumière se rompt, elle est admise dans le vuide des pores : & quand elle est réfléchie, c'est ce même vuide, & non pas une matière solide, qui la renvoie ; car la réfléxion se fait de dessus les pores. Qui n'admireroit donc les bons offices & les usages merveilleux de ce vuide des pores, qui tantôt sert de gouffre pour absorber tous les rayons, & tantôt sert de point d'appui pour les renvoyer selon les régles ?

L'attraction n'est pas moins docile à la volonté de ses Maîtres. Car quoique, la lune en conjonction, les masses de

PRÉLIMINAIRE. 17

mercure & de venus ayent leurs forces centrales comme les autres, jamais elles n'interrompent la propagation de la lumière en ligne directe. On voit par les éclipses de lune, & par les éclipses des satellites de jupiter, que ni la terre, ni les planètes ne détournent les rayons; ce détour anéantiroit les ombres de ces corps: cependant les planètes supérieures s'attirent les unes les autres dans l'occasion, & il y en a qui ont la force d'enlever plusieurs mondes.

Le soleil attire les planètes, leurs satellites, je ne sçais combien de corps; & il n'a nulle vertu attractrice à l'égard des parties de la lumière, qu'il lance hors de lui-même par une impulsion qui n'a aucun exemple dans la Nature. En effet, il faut que cet élancement des parties lumineuses vienne d'une espéce nouvelle & toute particulière des forces centrales : car si une force centrale-centrifuge lançoit cette matière hors du soleil dans la direction des tangentes, ainsi que la Nature le pratique; l'attraction devroit toujours, en se combinant avec cette force comme fait l'attraction des planètes, obliger cette matière lumineuse à tourner autour du soleil, au lieu d'avancer en ligne directe. Donc le soleil jette la lumière par une force centrale-centrifuge, dont la direction est celle des rayons de sa masse; & il faut, pour être Newtonien, admettre trois espéces de forces centrales. C'est en ce sens que ces Messieurs enrichissent la Physique.

La vertu attractrice d'un astre, disent les Newtoniens,

agit d'autant plus fortement, que l'objet qu'elle attire est plus voisin de cet astre. Cependant le soleil attire saturne à une distance immense, & ne peut attirer auprès de sa propre surface les petits atomes de la lumière : au contraire, il les pousse jusqu'à saturne, qui ne peut aussi les retenir, quoiqu'il enléve quelquefois jupiter & tout le cortége circonjovial.

La terre a la force d'attirer la lune, éloignée d'elle de soixante demi-diamètres terrestres; & cette attraction est énorme, puisque la lune à cette distance enléve l'océan, & que les vertus attractrices sont comme les masses. Mais cette force néanmoins, qui s'augmente, à mesure qu'on approche d'ici-bas, en raison renversée des quarrés des dis-

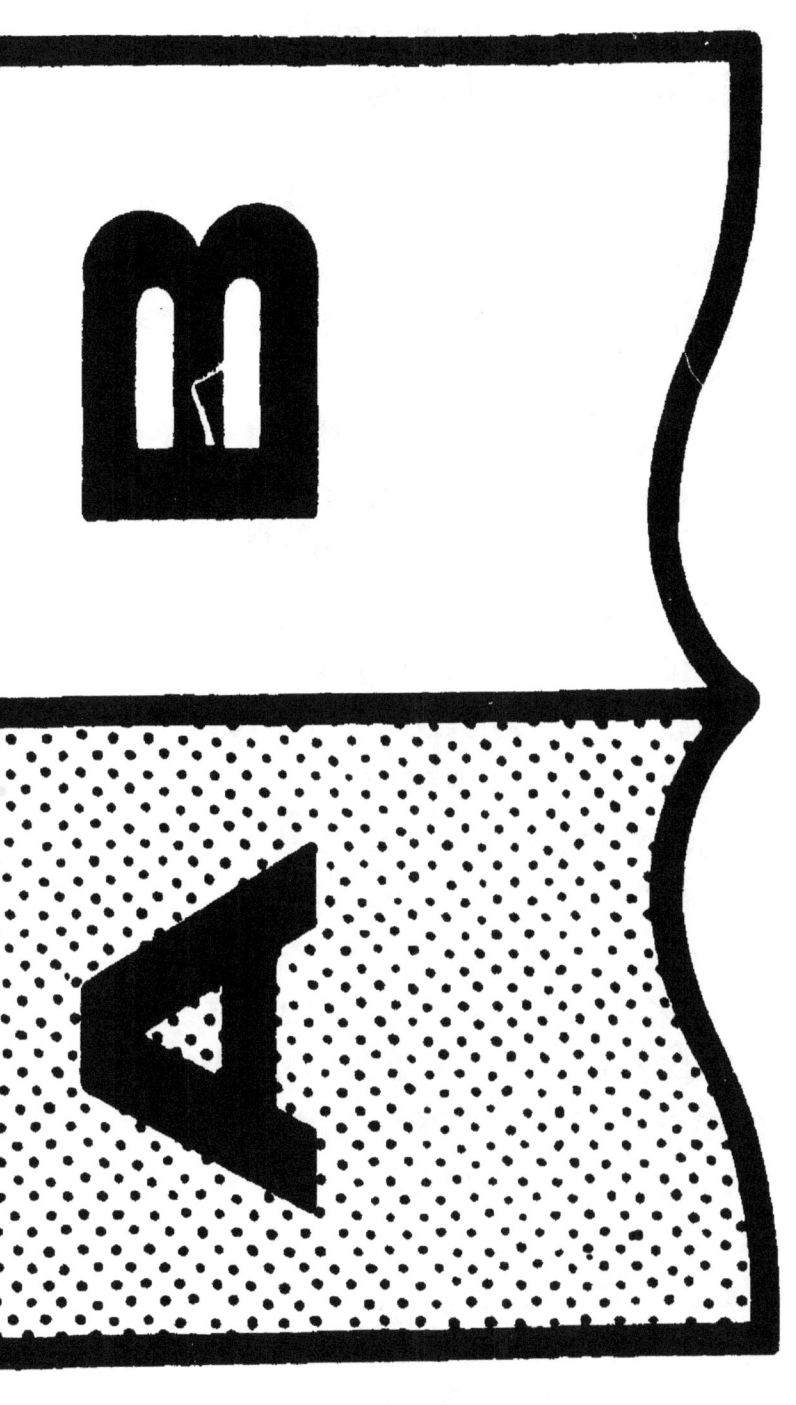

tances, n'est pas capable à une demi-lieue de la surface terrestre, quand elle est cependant devenue 3600 fois plus grande, & quand la force centrifuge terrestre ne contrebalance plus l'attraction, à cause de la lenteur du tournoiement de la terre ; mais cette force, dis-je, n'est pas capable d'abattre l'air qui environne cette terre, & de le réduire à sa simple hauteur, quoique ses parties éparses dans le vuide y soient si librement flottantes que le moindre souffle puisse les rapprocher, & les écarter davantage.

On seroit tenté de conclure que non-seulement l'air devroit absolument se coler contre terre, mais que la terre devroit se rétrecir, que tous ses pores devroient disparoître, & que sa masse & tout ce qui l'environne de solide devroient faire ensemble une seule masse, laquelle auroit une pesanteur & une dureté comme infinie.

Toutes les fixes devroient pareillement se rapprocher & se toucher; puisque les dernières nécessairement n'étant attirées que d'un côté, devroient s'approcher de ce côté-là. Tout ce qu'il y a enfin de matière au monde devroit concourir au même centre, se réunir en une seule masse, & ne faire qu'un seul corps.

D'autres Physiciens seroient embarrassés de tous ces inconvéniens : mais les Newtoniens ont une ressource ; c'est qu'ils ne font pas de supposition.

Tout ce qu'ils admettent, est ou expérimenté, ou conclu nécessairement d'expériences indubitables. Ainsi, si les choses qu'ils admettent ne s'accordent pas, tant-pis pour elles.

Le vuide, par exemple, ne fuit-il pas directement & nécessairement de la non-résistance des cieux ? Avec l'éther conçu à la manière de Defcartes, on ne peut bien expliquer les mouvemens céleftes : donc l'éther ne peut fubfifter, ni de cette manière, ni d'une autre. Par conféquent le ciel eft vuide. La conféquence eft jufte.

Tous les corps qu'on a pu foumettre à l'expérience font pefans : donc ceux qu'on ne peut pas y foumettre péfent tout de même. Autre conféquence, de la même juftefle.

Les planètes péfent vers le foleil ; les fatellites, vers les planètes ; tous les corps fenfibles & groffiers, vers le centre de la terre : donc l'attraction universelle est un principe fondamental, une loi primordiale de la Nature. La conclusion est nécessaire; & on ne pouvoit éviter plus adroitement l'embarras de la pesanteur, qu'en faisant d'elle un premier principe auquel il ne fallut plus chercher de cause.

Les principes Newtoniens ne donnent point la génération du feu, &c.: donc le feu est une matière première, qui, par une volonté spéciale de Dieu, a été créée telle. Pour être quitte de la cause d'un effet, il ne faut qu'ériger cet effet en principe; & sans vous obliger à rendre raison de rien, vous ferez une Physique qui parlera de tout.

Il ne s'agit point ici d'examiner tout ce que le Newtonianisme peut avoir de défauts. On peut les voir bien analyſés, ſoit dans les Leçons de Molières, ſoit dans l'Aſtronomie phyſique de Mr. de Gamaches. Mon but eſt ſeulement de faire remarquer, par ce petit échantillon, que ces principes reſſaſſés d'Epicure, des Péripatéticiens & des autres, qui viennent ſe reproduire en France ſous une autre forme, ne nous donneront pas cette fois une plus ſolide Phyſique que celle qu'on y avoit quand ils en furent bannis.

On a beau habiller diverſement les mêmes penſées; le principe n'eſt pas différent, pour être ſous un autre jour. Les *qualités occultes* des Anciens valoient bien celles des Newtoniens. J'aime autant voir les graves *appéter* leur centre, que de voir le centre

attirer

attirer les graves. Il ne falloit pas tant se mocquer de *l'horreur* du vuide, pour dire ensuite que la lumière se réfléchissoit de dessus le vuide, & comme on s'exprime, du *sein du vuide*. Si la lumière recule ou se détourne à la rencontre du vuide, il est aussi croyable que c'est par horreur, que parce que le néant lui sert de point d'appui. Ç'eût été tout aussi bien fait de retenir les simpathies & les antipathies, que d'attribuer la réfraction d'un rayon de lumière à un milieu plus ou moins attirant. Les simpathies & les antipathies auroient expliqué les *approches* & les *répulsions* du fer & de l'aimant; & le sistême de *l'attraction* y demeure tout-court. Ce n'étoit pas la peine de bannir les *différences essentielles*, pour publier

B

cette belle *matière ignée*, ce feu indépendant de toute méchanique, & qui est de lui-même tel qu'il est. Qu'y a-t-il de ridicule à dire, dans le sens péripatétique, que les objets envoient formellement leurs images dans nos yeux, si la propagation de la lumière est telle que le dit Mr. Newton ? Enfin j'aurois, ce me semble, autant aimé supposer quelque *premier mobile* qui donnât le branle à mes astres, que de ne pouvoir dire pourquoi précisément les planètes & leurs satellites tournent tous dans le même sens, & pourquoi ce sens même est celui du soleil, &c.

Au reste tous les Newtoniens ne sont plus aujourd'hui de même avis. Ce sistême est du pays des variations : & les plus éclairés ne veulent plus

PRÉLIMINAIRE. 27
demeurer garans de ces détails. Les *attractionnaires* se divisent maintenant en *rigides* & *non-rigides*. Les rigides sont ceux qui admettent le vuide, l'attraction réciproque & ce qui s'ensuit, purement & simplement, comme on vient de le dire. Les *non-rigides* sont plus réservés, & se veulent donner pour n'admettre qu'une *gravitation universelle*, qui est, disent-ils, parfaitement analogue à la cause qui a produit & qui entretient les mouvemens des corps célestes.

Mais le malheur pour cette hypothèse est, 1°. qu'elle emporte que toute matière gravite, ce qu'on ne peut prouver; 2°. que les Newtoniens, non-seulement n'assignant point de cause à *cette gravitation universelle*, mais ne le pouvant faire, ce n'est autre chose conséquemment qu'une fameuse *qualité occulte*; 3°. qu'une gravitation non-universelle quadre encore plus parfaitement avec les mouvemens célestes, comme on le verra dans la suite.

Je laisse d'autres remarques qu'on peut faire sur l'hypothèse Newtonienne; & las de mistères & d'obscurités, je me tourne du côté du jour.

Tandis que l'on s'occupe donc ainsi, les uns à restreindre & à limiter, les autres à étendre & à développer les vues générales de Mr. Newton; une autre espéce de Physiciens continue le sistême de Descartes. Ils examinent de près le tourbillon, ils en découvrent les propriétés, ils en approfondissent les ressources;

& en suivant les régles de la Géométrie ancienne & moderne, ils font voir avec évidence qu'il n'y a que la Physique des *tourbillons*, de la seule *impulsion* & du *plein*, qui s'accorde avec les observations, qui explique tous les phénomènes, & qui remette les méchaniques en possession de la Nature.

Or ces Physiciens conviennent, comme on l'a dit d'abord, des *faits observés* par Newton; mais ils ne conviennent pas de ses principes, ou de ses *faits conclus*. Selon eux, par exemple, tout est plein: la pesanteur n'est, ni réciproque, ni une propriété de la matière, ni proportionnelle à la quantité. Selon eux, la fausseté de cette supposition, que *pesanteur* & *densité* sont la même chose, ôte toute sa force à la prétendue démonstration Newtonienne touchant la résistance de la matière céleste. Ils disent enfin que la lumière n'émane pas du soleil ; que le feu n'est pas une matière particulière & simple, mais un effet méchaniquement produit, & dont la seule Physique des tourbillons peut donner la vraie cause.

Mais s'il est vrai que par les régles de la géométrie & des méchaniques, on déduit de l'idée du tourbillon tous les phénomènes naturels ; si ce méchanisme approfondi & bien développé réduit la Physique en général, & tous les effets particuliers, à des idées intelligibles ; toutes sortes de raisons nous engagent à retenir le sistême de Descartes, à tâcher de lui donner la perfection dont il est susceptible, en

PRÉLIMINAIRE. 31
tirant de l'idée de cet Auteur tout ce qu'on en peut tirer. Par-là nous aurons une Physique fondée sur les notions communes de la méchanique & du bon sens, une Physique naturelle & lumineuse, qui ne consistera point en paradoxes, dont toutes les parties auront entr'elles une dépendance réciproque, & seront très-simplement liées les unes avec les autres.

Avec cet avantage nous aurons celui de maintenir la réputation d'un Bienfaiteur commun, & de conserver, à la tête de la Philosophie naturelle, le nom de celui qui est cause qu'il y en a une. Toute la France doit s'intéresser à soutenir l'honneur de Descartes : il en a fait lui seul longtems l'ornement & la gloire. Mais de toutes les parties du Royaume, nulle ne
B iv

doit montrer pour sa cause plus de sensibilité que cette Province. Nous avons le plaisir d'être ses Compatriotes : le soutenir, c'est nous défendre nous-mêmes ; & j'espère qu'on me sçaura gré de ce premier essai, qu'une vraie reconnoissance me fait faire pour la mémoire de ce grand homme.

§.

DIEU a créé une étendue, ou si l'on veut, une substance étendue en longueur, largeur & profondeur, uniforme, continue, toute homogène. Il en a réglé la division, relativement aux effets qu'il avoit en vue, & a imprimé un mouvement à toutes ses parties.

Mais Dieu a pris sans doute telles mesures, en imprimant ce mouvement, que son impression fût durable ; c'est-à-dire, que ce premier mouvement a dû être tellement conditionné qu'il ne fût ni épuisé, ni diminué par les chocs qui devoient arriver inceffamment, & par les communications qui s'en devoient faire, felon les loix des méchaniques.

Or cette condition ne fe peut rencontrer ni dans le mouvement en lignes droites, ni dans le mouvement en lignes courbes qui fe croifent, ni dans le mouvement en lignes courbes qui ne rentrent pas en elles-mêmes. On voit que tous ces mouvemens s'éteignent à la longue : & les mouvemens contraires fe détruifant, dans un tems où l'élafticité n'avoit point encore de lieu, en peu d'inftans toute cette étendue eût été réduite au repos.

Je ne conclus pas delà néanmoins que la matière ait dû

nécessairement être distribuée en tourbillons : je dis seulement qu'il est naturel d'entrer dans cette pensée, que cette supposition est possible, & que rien ne quadre mieux d'ailleurs avec la plénitude universelle; puisque dans le plein il ne peut y avoir le moindre mouvement, sans un remplacement par-derrière, par conséquent, sans circulation & sans un commencement de tourbillon.

Si à tout cela on veut ajoûter, ce que la géométrie démontre, qu'un corps assujetti à parcourir une courbe ne perd de son mouvement, à chaque pas infiniment-petit, qu'un infiniment-petit du second ordre, puisque la base de l'angle de contingence est la mesure juste de cette perte ; on verra que ce corps ne peut perdre, en une révolution entière, qu'un

Voyez la Physique de Molières, tome 1. leçon. 2.

infiniment-petit du premier ordre ; & qu'ainsi, s'il a une vitesse finie, son mouvement ne se ralentira pas dans un tems fini. D'où il suit que chaque tourbillon ne peut perdre de son mouvement, en une révolution entière, qu'un infiniment-petit du premier ordre, & que par-là son mouvement ne peut diminuer, je ne dis pas sensiblement, mais de la moindre quantité finie, pendant toute la durée du monde.

Voilà donc le mouvement indéfectible, si la matière est en tourbillons. L'on ne pouvoit mieux aller au-devant des découvertes à venir, qu'en faisant cette hypothèse.

On peut donc supposer le monde distribué en tourbillons : mais en quelle sorte de tourbillons ? Il y a des courbes de bien des espéces rentrantes en elles-mêmes.

De quelque figure qu'on veuille d'abord supposer ces premiers tourbillons, il est sûr que du premier coup ils essaieront leurs forces centrifuges les uns contre les autres, que les plus forts rongeront les plus foibles, & qu'enfin ils en viendront tous à un équilibre universel, c'est-à-dire, à se résister & à se comprimer avec des forces égales. Or il n'y a qu'une sorte de tourbillons qui soit de nature à supporter, à repousser, à contrebalancer une égale pression de toutes parts : c'est le tourbillon sphérique.

Voyez le même Moliéres, ibidem. La géométrie démontre qu'un tourbillon sphérique, dont les points, qui sont également éloignés du centre, ont des vitesses égales, que la

PRÉLIMINAIRE.

matière environnante comprime également de toutes parts, & qui peut ainsi être considéré comme renfermé dans une boule creuse ; la géométrie, dis-je, démontre qu'un tel tourbillon presse cette boule ou cette enveloppe creuse, dans la direction de ses rayons, avec des forces égales en tous ses points.

C'est-à-dire, qu'un tourbillon sphérique est également fort, ou se défend également contre son voisinage, de toutes parts : Grand principe, qui fut inconnu à Mr. Descartes, & dont la connoissance auroit donné une autre perfection à son sistême. Car, faute de connoître cette vérité, cet Auteur crut que ses tourbillons n'étoient pas si forts vers les poles, & qu'ils avoient besoin de s'arranger entr'eux d'une façon particulière pour subsister. Il ajusta donc, pour le mieux, les équateurs des uns aux poles des autres, &c.

Mais le secret des forces centrifuges étant aujourd'hui révélé, on sçait qu'il est indifférent, pour la subsistance d'un tourbillon sphérique, de lui donner telle situation ou de lui en donner telle autre, de le faire demeurer au même lieu ou de lui faire changer de place ; ce qui change absolument la face de cette hypothèse, & donne à ses usages une étendue sans bornes, comme on le verra dans la suite.

Les tourbillons de Descartes sont donc sphériques ; & tout étant plein, ils subsistent, étant également comprimés de toutes parts. Mais si l'esprit se rend volontiers à l'évidence de ces idées, l'imagination n'est pas encore contente; & l'on en revient toujours à demander : 1°. Comment il se peut que ces tourbillons soient également comprimés de toutes parts ? 2°. Comment leurs matières ne se mêlent pas, & ne se rebrouillent pas ensemble en un cahos ? 3°. Comment les interstices d'entr'eux, ou la matière contenue dans ces angles, n'occasionnent pas cette confusion ?

Tâchons donc de répondre à ces questions d'une manière sensible & palpable, & d'enlever tout scrupule sur ce sujet à ceux qui ne veulent philosopher que sur des idées naturelles.

On conçoit assez qu'un tourbillon peut être également comprimé dans les points où il en touche d'autres : mais l'imagination a de la peine à se le figurer également pressé par la matière des interstices que les tourbillons laissent entr'eux. Si l'on veut néanmoins se rappeller ce que nous apprend l'hydrostatique, & ce que l'expérience nous montre dans les liquides, sçavoir, que ce qui comprime une portion d'un liquide met régulièrement la même compression dans toutes ses parties, ce qui fait que les liquides font exactement un égal effort en tout sens ; on concevra que dans ce cas-ci toute l'immensité de l'Univers n'étant qu'un même liquide, la compression s'y est distribuée aux moindres particules, en tout sens, avec une parfaite égalité ; & qu'ainsi il n'y a nulle différence entre la compression des interstices, & celle des points de contingence. Quant à ce qu'on demande en-

PRÉLIMINAIRE. 41

suite, pourquoi les tourbillons ne se détruisent pas ? qui empêche leurs matières de se mêler ? Je répons que leur équilibre, & en même-tems leur plénitude, qui est mathématiquement juste, les rend impénétrables les uns aux autres ; & que la même raison les empêche de pénétrer leurs interstices. Ce qu'on peut encore démontrer de la sorte :

Si un tourbillon pouvoit empiéter ou sur les tourbillons voisins, ou sur la matière des interstices, il le feroit ou uniformément par toute l'étendue de sa surface, ou avec inégalité & seulement par quelques endroits : or l'un & l'autre est impossible, dès qu'on suppose l'équilibre établi, & une égale compression dans toute la matière. Le premier cas est évident. Car la surface du tourbillon qui s'aggrandiroit, auroit dèsslors moins de vitesse : elle auroit par conséquent moins de force. Donc elle seroit rongée par les autres, au-lieu de les ronger elle-même. Dans le second cas, le tourbillon, en s'étendant par un endroit, excéderoit d'autant la sphéricité. Donc la matière de cet endroit excédant auroit moins de vitesse que le reste. Donc la force centrale-centrifuge de cette portion seroit moindre que celle du reste de la sphère. Donc le tourbillon ne se défendroit plus également de tout côté. Donc l'égalité de pression ne subsisteroit plus de toutes parts. Donc, dès qu'on suppose ces égalités, on ne peut plus supposer qu'un tourbillon puisse empiéter sur ses voisins, ni sur les interstices qu'ils laissent entr'eux,

Donc on voit que chaque tourbillon, une fois l'équilibre établi, se contient dans son lit, que cette seule situation lui est naturelle & commode, & qu'aucun d'eux ne peut s'aviser, si on peut le dire, de vouloir gagner sur les autres.

On a une foible image de la manière dont les tourbillons glissent entr'eux, & de la conservation de l'intégrité de leurs interstices, dans ces recoins, ou ces endroits retirés qu'on remarque aux bords des rivières. On voit l'eau séjourner dans ces endroits, y demeurer dégagée du courant, & ne s'y mêler point. Elle feroit la même chose à une autre rivière qui la côtoieroit en même-tems de l'autre côté.

Enfin, s'il est facile de se figurer que la matière d'un interstice soit également contenue & pressée de toutes parts; puisqu'il est très-facile d'imaginer que les tourbillons circonvoisins soient tous d'une égale force ; il n'est pas moins facile de concevoir que cette même matière anguleuse, en recevant les impressions des tourbillons voisins, les transmet toutes ; desorte qu'au moyen de l'exactitude de cette transmission, ces tourbillons sont dans le cas de se comprimer directement, & de se contenir eux-mêmes les uns les autres. Donc, de même que les tourbillons peuvent contenir les interstices, de même les interstices nécessairement contiennent les tourbillons dans leurs bornes. Ainsi tout est en sureté, & il n'y a aucun trouble à craindre.

Il y a des Cartésiens qui ne font pas tant de tour, & qui

PRÉLIMINAIRE. 45

pour expliquer la conservation des tourbillons de Descartes, supposent la matière de chacun d'eux hétérogène à celle de tous les autres, comme sont, par exemple, l'huile & l'eau. Cette supposition ôte toute difficulté. Il n'est pas besoin même de supposer autant de différentes hétérogénéités que de tourbillons : il suffit que les homogènes ne se touchent pas. Ceux qui sont plus contens de cette précaution, la peuvent prendre. Elle fera toujours voir de plus en plus à ceux qui déclament contre les tourbillons, combien cette hypothèse a de ressources ; & que, pour la possibilité des grands tourbillons de Descartes, on ne peut espérer raisonnablement de la pouvoir attaquer avec succès.

Mais en est-il de même de

l'hypothèse des petits tourbillons ? Plusieurs Sçavans n'en conviennent pas. Des Cartésiens même en nient la possibilité. Si cela est, qu'y a-t-il à espérer pour cette malheureuse hypothèse ?

Tout est fortune en ce bas monde. L'inconstance humaine a droit sur tout. Il y a des modes pour les sistêmes & pour les opinions, comme pour autre chose. Que celui qui est en vogue ne s'en glorifie pas, il n'en tombera que plus vîte ; & celui qui tombe, qu'il se console, il en sera plûtôt relevé. On a vu mourir en France l'Epicurisme & le Péripatétisme au bruit des sifflets; ou plûtôt on les a crus morts. Ils n'ont fait que passer en Angleterre, & revenir delà habillés de neuf; ils sont au plus haut de la roue. Le *vuide*,

PRÉLIMINAIRE. 47

l'attraction, le *feu essentiel*, *l'émanation* de la lumière, les *milieux attirans* font aujourd'hui du bel usage. Quelle espérance cela ne donne-t-il point à ce qu'il y a de plus décrié ? L'hypothèse des petits tourbillons, aujourd'hui bien développée & bien poussée, *n'est bonne à rien* ! Mais lorsqu'elle ne faisoit que de naître, dans sa plus grande imperfection, elle étoit *bonne* pour commencer les Mémoires de l'Académie. Cette remarque a de quoi faire trembler notre Philosophie d'outre-mer. Car si l'on a pu avec le tems se dégoûter de ce qu'on entendoit, il y a tout à craindre dans la suite pour ce que l'on n'entend pas.

<small>Voyez le premier tome des Mémoires, par Fontenelle.</small>

Quoiqu'il en puisse être, on se flate de pouvoir exactement démontrer la possibilité de cette hypothèse, laquelle ne consiste proprement qu'à achever le sistême de Descartes. Reprenons ce fluide immense, que nous avons d'abord distribué en grands tourbillons ; & nous verrons, premièrement, que les régles & les conditions de leurs mouvemens, de leur équilibre, de leur compression, de la conservation de leurs interstices, seroient toujours les mêmes quand ils seroient plus petits, quand ils seroient même d'une petitesse si extrême & si étonnante que plusieurs millions d'entr'eux fissent à peine un millioniéme de la tête d'une épingle. Nous verrons ensuite aussi clairement que n'étant pas moins nécessaire que le mouvement soit durable dans le détail de la Nature que dans le gros de l'Univers, si on peut parler de la la sorte ; la raison qui a fait partager l'immensité du monde en grands tourbillons, doit aussi faire donner la même forme aux moindres molécules de la matière.

Ce n'est donc pas faire un nouveau sistême, ni multiplier les hypothèses, que de subdiviser les grands tourbillons, & les matières de leurs interstices, en d'autres tourbillons d'une petitesse telle qu'on vient de le dire. C'est développer la même idée, & lui donner la perfection dont elle est susceptible.

On voit delà, par exemple, que tous ces petits tourbillons étant autant de ressorts parfaits, les répulsions réciproques des tourbillons Cartésiens & de leurs interstices deviennent plus claires, que la distribution de la compression en tout sens, dans la totalité de la matière, est bien plus nètte ; puisqu'on voit clairement que ce qui bande quelques-uns de ces ressorts les bande tous, & qu'on ne peut même expliquer autrement cette propriété des liquides qui entre dans la meilleure partie des phénomènes de la Nature.

Desorte que pour mettre la dernière main au sistême du monde, pour réduire la spéricité, l'équilibre des tourbillons, l'égalité de compression de toutes parts, l'impénétrabilité & la conservation des interstices, à une justesse mathématique ; il n'y a qu'à composer encore ces petits tourbillons & leurs interstices correspondans, d'autres indéfiniment plus petits ; ceux-ci, d'autres encore en progression ; ainsi de suite, à l'infini. Car alors il n'y aura aucun point, mathématiquement parlant, dans un tourbillon, qui ne trouve dans l'interstice correspondant un point semblable qui le repousse.

<small>Nota bic.</small>

Enfin on peut encore ici d'un seul mot trancher absolument toute difficulté, en concevant une très-exacte & très-parfaite hétérogénéité, non plus entre les tourbillons du même ordre, mais entre les ordres mêmes. Ce qui fera que les interstices d'entre les tourbillons de chaque ordre, étant hétérogènes à ces tourbillons, ne seront susceptibles d'aucun mélange à leur égard, & seront par conséquent aussi imperturbables qu'il est possible de les souhaiter.

Au reste cette hétérogénéité naît méchaniquement de leur

structure. Car à cause de la disproportion de volume des tourbillons des divers ordres, de la disproportion de leur compression, de la disproportion de leur ressort, en un mot à cause que ceux d'un ordre ne sçauroient contrebalancer ceux d'un autre ; on ne peut concevoir aucun commerce, aucune communication, aucun jeu d'un ordre avec un autre. Ils seront donc hétérogènes : cela paroît évident.

On voit par-là l'inutilité de la précaution de ces Cartésiens qui font leurs tourbillons hétérogènes. L'hétérogénéité des ordres remplace heureusement cette supposition, sans en faire de nouvelle. Mais on peut demander encore Pourquoi les masses solides, par l'importunité de leurs mouvemens, ne détruisent pas les tourbillons

PRÉLIMINAIRE.

qui composent un fluide ? Et comment se peuvent rétablir ceux que quelque accident a pu rompre ?

1°. Tout corps sensible est comme infiniment grossier, en comparaison du volume d'un petit tourbillon ; & son mouvement est toujours comme infiniment lent, auprès de la vitesse & de la facilité avec lesquelles ces tourbillons glissent les uns sur les autres. Cela supposé ; ou le fluide pése, ou il ne pése pas.

S'il ne pése pas, ces deux disproportions empêchent que les petits tourbillons ne donnent prise à la masse.

Si le fluide pése, il se fait un bandement dans les ressorts de ses parties ; & l'hétérogénéité qui contient les petits tourbillons, aidée de la pesanteur du fluide, les rend capables de supporter un bandement assez considérable pour qu'ils aient, à cause des disproportions dont on a parlé, tout le loisir de céder & de faire place.

2°. Mais si quelque solide d'une petitesse proportionnée à leur volume, & avec une rapidité proportionnée à la leur, vient à pirouetter entr'eux, & à en rompre quelques-uns ; comment ceux-ci se rétabliront-ils ?

Je dis que, dans ces occasions, ce ne sont pas les tourbillons décomposés qui se rétablissent. Mais ceux qui sont dans les interstices que ces décomposés cessent de presser, sentant un relâchement subit, s'agrandissent étonnamment tout d'un coup, jusqu'à devenir de volume à faire équilibre à la place des rompus ; & les restes de ceux-ci demeurent dans les interstices, où ils servent pareillement pour ceux qui ont pris leur place. Ainsi se fait le rétablissement, sans qu'il y ait pour cela un seul tourbillon de plus ni de moins dans le monde.

Mais cette idée, si je ne me trompe, doit achever de tranquilliser ceux qui craignoient pour la perpétuité des petits tourbillons une fois formés. Car en concevant la matière subdivisée en petits tourbillons à l'infini, on voit que quand on romproit incessamment les petits tourbillons d'un espace, on ne feroit que donner occasion à d'autres tourbillons de grossir à leur place : & le nombre des tourbillons n'augmenteroit, ni ne diminueroit, par ces changemens continuels. Dans ces cas, ceux qui s'agrandiroient ne pourroient excéder la grosseur des rompus, ni demeurer moindres qu'eux : car, dans le premier cas, ils seroient rongés & rapetissés par les égaux de ceux-ci ; & dans le second cas, ils les rongeroient eux-mêmes.

Desorte que quand on supposeroit que le mouvement des solides, ou autre cause, romproit incessamment des tourbillons, tout ce qu'il en pourroit arriver seroit qu'un ordre avanceroit continuellement à la place de l'autre ; ce qui se peut faire à perpétuité, dans le méchanisme que nous décrivons.

Si cette subdivision de la matière à l'infini, fait quelque peine ; on peut, si l'on veut, se contenter de la pousser suffisamment pour que, dans quelque occasion que ce soit, il reste toujours assez d'ordres rompre.

PRÉLIMINAIRE.

Enfin la grosseur du plus grand ordre des petits tourbillons d'un espace, est réglée par sa situation dans le grand tourbillon dont il est une partie. Il y a une grosseur affectée pour les petits tourbillons de chaque couche, que l'équilibre de ces couches empêche de varier. Ainsi dans un liquide immense, qu'on supposeroit rompu ou décomposé autant qu'il pourroit l'être, les ordres qui auroient à s'agrandir ne le feroient que dans les bornes propres de leur couche.

Il me semble aussi que ces moyens qu'ont les petits tourbillons pour se réparer, & pour se perpétuer dans le même état, ressemblent fort à la fécondité & aux ressources de la Nature. Mais jettons encore un coup d'œil sur le commencement de ce fiftême.

Ce fut pendant que les grands tourbillons cherchoient encore l'équilibre entr'eux, & avant que d'y parvenir, que quelques-uns d'eux en abforbèrent quelques-autres, qui leur fervent aujourd'hui comme de cortége. Delà les tourbillons des planètes & de leurs fatellites font emportés dans celui du foleil, &c. Mais ces tourbillons n'avoient pas feulement à chercher un équilibre extérieur les uns avec les autres, ils avoient auffi à fe procurer un équilibre intérieur; & il falloit que leurs moindres parties fe balançaffent exactement au-dedans d'eux-mêmes. Il falloit, par exemple, que les points également éloignés du centre euffent des vitefles égales; que les vitefles des couches fphéri-

PRÉLIMINAIRE. 59

ques fuffent entr'elles en raifon renverfée des racines des diftances, que les tems des révolutions, &c. Mais on n'en vint pas-là tout d'un coup. Il fallut bien du tumulte, des frottemens, des conteftations, des victoires & des pertes. Il arriva donc fans doute qu'une infinité de particules de matière perdirent abfolument la forme de tourbillons : & lorfqu'enfuite les tourbillons parvinrent à la fphéricité, & que la pefanteur commença d'avoir lieu ; ces retailles tombèrent vers les centres, & y formèrent de grands folides.

On n'a jamais trouvé à redire à l'origine de ces folides. On eft fait à voir ces maffes centrales dans les grands tourbillons : & l'on ne voit rien de plus fimple & de plus naturel que les révolutions des planètes autour du soleil, celles des satellites, ainsi du reste. Pourquoi donc ce qui est naturel dans les grands tourbillons, ne le seroit-il pas dans les petits ? Pourquoi ne seroit-il pas arrivé à une infinité de petits tourbillons, ce qui est arrivé aux grands, d'avoir des masses centrales comme mercure ou vénus, d'autres masses en forme de satellites, des satellites de satellites de tous les ordres ? Pourquoi ces petits tourbillons ainsi appesantis & rabattus par la pesanteur, par exemple, vers la terre, ne s'y combineroient-ils pas diversement les uns avec les autres, & en diverses quantités, pour composer différentes sortes de corps ? Pourquoi ne pas suivre une analogie qui marche d'elle-même, avec laquelle on explique sans aucun embarras & même sans aucune exception, tant en détail qu'en général, tout ce qu'on observe dans la Nature ? Peut-on pousser l'idée du tourbillon, sans en venir-là ? Entre-t-il là-dedans quelque supposition de choses inconnues ? On marque l'origine de ces globes pesans. On sçait les régles & les propriétés du mouvement circulaire. Il n'y a point-là de qualités occultes. Ce n'est point-là une attraction, une gravitation, dont on ne sçait que le nom. Ce n'est pas-là le mystère de la matière de feu. Nous entendons ce que nous disons. Nous expliquons comment & par quelle méchanique il y a certaines matières qui pésent, & certaines matières qui ne pésent pas. Enfin, en parcourant les différentes parties de l'hypothèse des tourbillons, en la retournant de tous les sens, en considérant successivement ses différens côtés, & non point en faisant différentes hypothèses, nous donnons une méthode facile de développer tout l'Univers. On va voir que des divers états où les petits tourbillons se peuvent trouver, des différentes combinaisons dont ils sont susceptibles, naîtront les différens effets, les divers phénomènes, tout le détail de la Nature.

Cependant, il faut l'avouer, ce n'est pas le sistême à la mode. Mais il est question de sçavoir si la mode d'aujourd'hui nous fait honneur. Nous étions en possession de nous entendre, de rejetter hautement une absurdité, & de n'admettre que des idées claires : mais on ne peut nier que maintenant nous ne commencions à déchoir de cette délicatesse de nos prédécesseurs. Une idée obscure, une merveille absurde, peut aujourd'hui prendre faveur parmi nous. Un principe désavoué des méchaniques, &, si je puis le dire, hétérogène aux premières notions du bon sens, trouve à-présent des esprits qui le goûtent. Ce n'est pas une marque d'un goût bien sain, ni d'une disposition d'esprit telle qu'il la faut pour acquérir une véritable science. Il y a cinquante ou soixante ans qu'on eût dédaigné de donner dans de pareilles idées. Il ne faut que voir comme est traitée l'attraction Newtonnienne dans les premiers Mémoires de l'Académie, du tems de Fontenelle. On sortoit alors des ténèbres de la Philosophie des Anciens;

l'on étoit si sensiblement touché du prix du jour, que le moindre nuage faisoit horreur. On voyoit devant soi ce qui avoit autrefois perdu particulièrement la Physique : & le Génie François, naturellement clair, sembloit ne devoir jamais se départir d'une méthode qui étoit selon lui.

Mais le commerce d'une Nation qui ne fut jamais un modèle de clarté, & dont le génie de tout tems simpathisa avec les paradoxes, nous a peu-à-peu accoutumés au merveilleux, comme elle. Il semble que nous veuillions aujourd'hui prendre ses pensées, en paiement de l'art de penser.

Mais, dit-on, les expériences & les observations donnent ces principes qu'on nous propose. Je dis qu'elles les donnent à quelques-uns, qui ont grande envie que cela soit; mais elles ne donnent rien de semblable à d'autres, qui ont d'autres idées. La raison en est que tous les Sçavans ne voient pas les observations & les expériences avec les mêmes yeux. Chacun ne regarde ordinairement qu'au travers des principes dont il est imbu. Ne voyons-nous pas que les Auteurs de Physique expérimentale, qui font, disent-ils, profession de n'avancer que ce qui est de fait, nous donnent néanmoins des Physiques toutes différentes? Il est vrai que cela est particulier, & ne leur fait guère d'honneur: mais les gens de parti ont cette maladie. Peut-être les Cartésiens ne sont-ils pas plus sages: car ils admettent toutes les expériences & toutes les observations de Mr. Newton; & ils n'y voient pas les mêmes choses. Ils voient que le méchanisme des tourbillons explique parfaitement tous les faits, & qu'il y a même de ces expériences qui démontrent l'éxistence de ce sistême. Mais je parle de ce sistême achevé, poussé à sa perfection; en un mot, de *l'Hypothèse complette des grands & petits Tourbillons.*

On pourra juger de la vérité de cette proposition par le détail qui suit, où l'on voit qu'on peut tout réduire à ce méchanisme, qui est très-simple; & que s'il faut que les parties de la Philosophie naturelle se tiennent mutuellement comme celles de la Nature, cette voie non-seulement est propre à ce dessein, mais est la seule qu'il y ait à prendre.

De grands Physiciens ont

déja fait d'heureux essais de cette hypothèse sur l'astronomie, sur la pesanteur & sur quelques autres phénomènes généraux; & même Mr. de Molières est descendu dans plusieurs détails importans sur l'air, sur l'eau, &c. Mais outre que je crois qu'il s'est trompé dans quelques prétentions particulières, comme sur la *lumière* & les *couleurs*, sur la *génération du feu* & sur quelques autres articles; il semble qu'il n'ait pas assez fait valoir la généralité de son principe, & qu'il se soit quelquefois prescrit des bornes où ses idées n'en avoient pas.

Au reste, comme on a déja beaucoup traité de cette matière des petits tourbillons, je suppose le Lecteur instruit: car je ne veux pas grossir ce Mémoire des ouvrages d'autrui. Ainsi je ne m'arrêterai d'avantage * ni aux principes de cette hypothèse, ni à l'explication de quelques usages que d'autres Physiciens ont assez expliqués. Il ne s'agit plus de chercher ce que nous possédons : tâchons d'acquérir ce qui nous manque ; & voyons si en méditant sur les divers ordres de tourbillons dans lesquels on fait consister la matière éthérée, nous ne trouverons pas le fil naturel de certains phénomènes sur lesquels il semble que les Philosophes n'aient pas jusqu'ici rencontré le plan de la Nature.

* Voyez, pour la Théorie des Tourbillons, *les Leçons de Molières*, seconde & troisième ;

L'Astronomie de Gamaches, Dissertations, six & sept ;

Et *la Lettre* qui termine cet Ouvrage.

L'HYPOTHÉSE
DES PETITS
TOURBILLONS,
JUSTIFIÉE
PAR SES USAGES.

DE toutes les manières de foutenir un principe de Phyfique, celle d'en déveloper l'utilité dans le détail des faits, eft la plus naturelle & la plus fimple. Plus il explique de phénomènes, plus il eft recevable; & il fe trouve enfin abfolument juftifié par fes Ufages, fi on peut l'appliquer heureufement à tout ce qui fe voit dans le monde. Il s'agit donc ici de faire voir que l'Hypothèse dont nous parlons, fournit l'explication méchanique de quelque fait que ce soit. Pour cela, nous allons choisir ceux que tous les Physiciens reconnoissent pour les plus difficiles : l'on verra, par la manière aisée dont nous résoudrons ces problêmes, que le même principe qui peut réduire ces points mystérieux à des idées si simples, a de quoi éclairer pareillement toutes les parties de la Physique.

Il n'a pas encore paru de siftème qui ait également bien résolu toutes les questions de la Physique. Chacun d'eux a, pour ainsi dire, ses phénomènes favoris, comme il a ses embarras; & il ne leur est point indifférent d'être appliqués à telle matière, ou à telle autre. Tel semble réussir dans le ciel, qui est assez malheureux sur la terre; peut-être même a-t-il bien des obligations à ces larges espaces qui peuvent, par leur énormité, rendre insensibles beaucoup de défauts. Tel semble éclaircir un sujet, qui en obscurcit mille autres. Enfin il y a certaines difficultés qui les poussent tous à bout, & dont pas un ne peut fournir de solutions satisfaisantes. On en pourroit marquer plusieurs; comme une bonne partie des phénomènes de la lumière & des couleurs, la nature & les phénomènes du feu, l'élasticité, l'effort des liquides en tout sens, &c. & presque tout ce qui est contenu dans ce petit Écrit.

Mais on verra que l'Hypothèse des petits Tourbillons a cet avantage particulier, qu'elle explique tous les phénomènes avec une égale facilité; qu'elle résout toutes les questions; qu'il lui est indifférent qu'on l'applique à tel sujet, ou à tel autre; & qu'elle s'étend conséquemment à toute la Nature. Ce qu'aucune autre n'a encore pu faire.

Ce n'est pas que je pense être capable de mettre ce sistême dans tout son jour; ni que je croie avoir traité ce que j'en propose ici, comme l'auroient développé plusieurs autres qui le sçavent mieux que moi : mais le desir de voir les sciences sur un autre pied dans ma Patrie, & d'inspirer de la curiosité à des esprits qui sont capables de tout, m'engage à faire part de cet essai à mes Compatriotes, moins pour leur montrer ce que j'ai fait, que pour les faire penser à ce qu'ils peuvent faire eux-mêmes.

Je n'ai jamais pu voir qu'avec regret l'insensibilité de cette Province à l'égard des recherches naturelles, tandis que l'on y voit de si grands Génies en tout genre; qu'il en sort tant d'excellens Sujets, qui sont ailleurs de grandes lumières; & qu'elle a même la gloire, en quelque façon, d'avoir éclairé tout le monde, puisqu'elle a celle d'avoir produit l'incomparable M. Descartes.

EXPLICATIONS

EXPLICATIONS MÉCHANIQUES.

I.

De la Lumière & des Couleurs.

LA lumière tire son origine du mouvement de vibration que les parties subtiles & insensibles du corps lumineux donnent au milieu environnant, sans que rien s'échappe pour cela du corps lumineux même. {DE LA LUMIERE Son Origine.}

Il faut remarquer que ce milieu est parfaitement élastique, & que les ordres de petits tourbillons dont il est composé peuvent avoir leurs fonctions particulières, indépendamment les uns des autres.

La lumière est propagée par la transmission que fait le milieu frappé des coups qu'il a reçus, sans que les molécules changent de place. {Propagation.}

Elle est propagée directement par {Direction.}

la voie la plus simple, ou selon la direction des rayons de la sphère, dont le point lumineux est le centre. C'est-à-dire, que chaque couche sphérique de la matière éthérée transmet l'action du soleil à sa supérieure, dans la direction des rayons de la sphère; desorte que chaque rayon sensible de lumière est une pyramide, dont le sommet est au point d'origine des vibrations, & la base à l'entrée de l'œil.

Objection de Mr. Newton. Mr. Newton fait une objection contre la propagation directe, dans le sistême du plein. Il compare cette propagation à celle des ondulations que la chute d'une pierre forme dans l'eau. Mais il est visible que celles-ci, outre leur mouvement centrifuge, ont un mouvement alternatif de haut en bas & de bas en haut; au lieu

Réponse. que la lumière n'a de mouvement que dans la direction des rayons de la sphère, dont le point lumineux est le centre. Ainsi ce n'est pas une merveille si une portion d'ondulation d'eau, après avoir passé par un trou, s'étend circulairement comme de nouveau, & non pas seulement en ligne directe; puisqu'à la sortie de ce trou, le mouvement alternatif équivaut à la chute d'une nouvelle pierre. Mais cela ne conclut rien pour la lumière, qui n'a pas cette sorte de mouvement, & qui ne reçoit d'impression que de la part du centre de la sphère.

Objection contre Mr. Newton. Mr. Newton devoit bien plûtôt considérer son propre sistême, qui suppose deux conditions à la matière de la lumière, qui sont absolument incompatibles avec la propagation en ligne directe. Mr. Newton a pour principes, que toute matière pése, & que la lumière est propagée par une translation locale de la matière: donc la propagation de cette lumière est un mouvement de projection. Mais où Mr. Newton a-t-il vu que la projection d'un corps pesant se dût faire en ligne droite?

Réflexion. La lumière est réfléchie par l'élasticité de la matière éthérée, dont les petits tourbillons réagissent à la rencontre d'objets plus denses, c'est-à-dire, plus grossiers, moins élastiques, moins propres à se mouvoir comme elle, & propres par leur solidité à lui servir de points d'appui.

DE LA LUMIÈRE

Réfraction. La réfraction de la lumière est causée par la différence d'élasticité qui se trouve entre deux milieux par où elle passe, d'où suit l'inégalité de pression par rapport aux rayons; ce qui fait changer leur direction, & les pousse du côté le plus foible.

Donc la lumière s'approche de la perpendiculaire, quand elle passe de l'éther dans l'air, de l'air dans l'eau, & de l'eau dans le verre; & en général, quand elle passe d'un milieu moins dense, en un plus dense, c'est-à-dire, d'un milieu plus élastique, en un autre qui l'est moins; d'un milieu vif, en un autre moins vif; d'un milieu dont les tourbillons sont plus dégagés & plus purs, en un autre dont les tourbillons sont plus chargés & plus embarrassés de matières hétérogènes, & ont par conséquent moins de ressort.

Retardement, & Accélération. La même raison fait que la lumière se propage plus lentement dans ces derniers milieux, & qu'en sortant elle reprend sa vitesse.

Angle de réflexion, &c. La matière éthérée étant, comme je l'ai dit, d'une élasticité parfaite, on voit sans peine l'égalité des angles de réflexion & d'incidence; & l'affoiblissement de cette élasticité étant constant & uniforme dans le même milieu dense, on voit aussi qu'il y aura de la constance dans la relation des sinus de refraction & d'incidence : car cette relation sera toujours celle des élasticités des deux milieux.

Sinus de réfraction, &c.

Je ne m'arrête point à détailler tout ce que les Physiciens ont imaginé pour expliquer ce phénomène de la réfraction de la lumière ; les milieux faciles & difficiles des Cartésiens ; les pores plus ou moins dépourvus de second élément de Mallebranche ; les tangentes communes de Molières ; le vuide & l'attraction des Newtoniens ; &c. Je suppose qu'on sçait ce détail ; & je prie le Lecteur de comparer nos différentes solutions.

La réfraction est toujours accompagnée de réfléxion : car on voit l'image du soleil dans l'eau, quelle que soit la hauteur de cet astre. Donc une partie de la lumière se réfléchit, & l'autre se rompt dans l'eau. Cela vient de l'élasticité du véhicule de la lumière, & surtout de celle du milieu rompant qui ne manque jamais de restituer, autant qu'il peut, la partie perpen-

DE LA LUMIÈRE. Infléxion.

diculaire du coup qu'il a reçu.

L'infléxion que la lumière souffre aux approches de la surface d'un corps, (ce qui, dans le cas de la réfléxion, change l'angle rectiligne en portion de courbe;) cette infléxion, dis-je, est causée par l'atmosphère de ce même corps, dont les couches sont d'autant plus denses qu'elles sont plus voisines de la masse.

DES COULEURS.

Les différentes couleurs supposent différens ordres de tourbillons dans la matière éthérée; chaque ordre ne pouvant être le véhicule que d'une seule couleur; l'action commune de tous les ordres étant la cause du *blanc*, & leur inaction celle du *noir*. En effet le même ordre de petits tourbillons n'est susceptible, dans ses vibrations, que du même dégré de promptitude; & s'il falloit qu'un seul & même ordre fût le véhicule de plusieurs couleurs, son élasticité bien souvent discordante romproit la mesure des vibrations.

Réfrangibilité, & Réfléxibilité.

Les réfrangibilités des différentes couleurs viennent de ce que les élasticités de leurs différens véhicules sont inégalement diminuées dans les milieux denses où elles passent. L'élasticité des plus petits ordres est respectivement plus diminuée que celle des plus grands : ce qui est très-facile à concevoir. Car il est visible, par exemple, que si la matière hétérogène qui engourdit ces divers ordres est uniforme en tous, elle est plus grossière par rapport aux moindres tourbillons, & que ceux-ci par conséquent en sont plus embarrassés. Et d'ailleurs, fût-elle proportionnée, les plus petits tourbillons s'en chargent toujours relativement plus que les grands, ayant plus de surface. En un mot il est aisé de concevoir que les plus petits tourbillons contenant moins de matière éthérée, ils sont plus faciles à embarrasser ; moins de chose les aggrandit par rapport à leur ordre. Ainsi il n'est pas surprenant que dans les milieux denses, où l'élasticité de tous les ordres est diminuée de quelque chose, celle des plus petits ordres y perde le plus. D'où il suit que le violet souffrira la plus grande réfraction ; le rouge, la moindre : ainsi de tous les autres.

Par une raison semblable, les plus

petits tourbillons, ou plûtôt les plus petits ordres sont plus réfléxibles que les autres; parce qu'éprouvant une plus grande densité relative, à la rencontre des milieux denses, ils en sont plûtôt renvoyés. C'est que les petits tourbillons ralentis qui composent ces milieux denses, dumoins ceux qui composent leurs surfaces, par leur grossièreté & leur pesanteur, (car ils pèsent,) servent en quelque manière de points d'appui pour la réfléxion des autres. Ce qui n'empêche pas qu'ils n'aient la foiblesse & la lâcheté de ressort que nous leur avons attribuée, comme nous voyons que la surface de la mer n'en demeure pas moins molle, quoique par sa pesanteur elle serve de point d'appui à la réfléxion d'un boulet de canon.

Ainsi lorsqu'un rayon de lumière tombe obliquement sur la surface, par exemple, d'un verre plat, les rayons de toutes les couleurs contenus dans ce rayon blanc, tandis que leur obliquité n'excédera pas certaines bornes, y entreront en se rompant: & tandis qu'ils y entreront, ceux des plus petits ordres s'y rompront davantage; parce que les plus petits ordres, dans les milieux denses, ont relativement plus perdu de leur ressort, comme on vient de le dire. Mais si l'obliquité devient trop grande, les couleurs cesseront d'entrer; comme un boulet de canon tiré trop obliquement à la mer rebondit, au lieu d'y entrer. Les couleurs rebondissent aussi, à mesure que l'obliquité passe les bornes, les unes après les autres. Celles des plus petits ordres se détournent les premières; parce que les plus petits ordres, dans les milieux denses, étant relativement plus lâches, ils sont aussi relativement plus grossiers & plus pesans, & servent plûtôt de points d'appui pour faire réfléchir leurs semblables.

DES COULEURS.

Ainsi, si l'air qui nous environne étoit toujours chargé de vapeurs avec une parfaite uniformité; tous les soirs régulièrement après le coucher du soleil, à mesure que les rayons de cet astre viendroient plus obliquement à l'atmosphère, toutes les couleurs, selon le dégré de leur réflexibilité, cesseroient d'y entrer les unes après les autres. Le violet seroit le premier à

Raison des Couleurs de l'Aurore.

prendre son parti : le bleu suivroit de près ; ainsi du reste. Enfin le rouge demeureroit seul, comme le moins réflexible. Par la même raison, le matin le crépuscule commenceroit par border l'horizon de rouge, &c.: & nous aurions tous les jours un spectacle que nous n'avons que quelquefois, parce que l'atmosphère n'a pas toujours toutes les conditions requises.

De cette explication des couleurs il suit, ce me semble, deux conséquences, dont la première est que la quantité de la réfraction d'une couleur ne dépend ni de la foiblesse, ni de la force du rayon. Et cela est visible de soi-même : car la même couleur se romproit différemment selon qu'elle seroit forte ou foible, ou bien deux couleurs différentes se romproient quelquefois l'une comme l'autre ; par exemple, un jeaune violent se pourroit rompre comme un rouge foible.

Tous les jours néanmoins on entend dire que les réfrangibilités dépendent de la foiblesse ou de la force des rayons. Le rouge, par exemple, dit-on, se rompt le moins, parce qu'il est le plus fort. Que ne se rompt-il donc plus ou moins, selon qu'il est plus ou moins fort?

La seconde conclusion est qu'on ne peut se dispenser d'admettre autant de différens ordres de petits tourbillons dans l'éther, qu'il est nécessaire de distinguer de couleurs primitives. La suite même pourra persuader qu'il y en a davantage ; mais que nos yeux n'ont pas de fibres qui puissent jouer avec tous ces ordres.

II.

Des Liquides.

SI au centre d'un petit tourbillon de matière éthérée il se forme un globe solide, comme nous concevons que la terre s'est formée au centre de notre monde, & si le même accident arrive à une grande multitude de tourbillons semblables ; l'amas de ces petits tourbillons, ainsi appesantis & rapprochés, aura toutes les propriétés qu'on remarque dans *les liquides*.

Ce qu'on dit d'un ordre de tourbillon, se peut entendre de tous les autres. Ainsi chaque ordre de matière éthérée peut faire le fond d'une liqueur.

Mais on peut concevoir aussi que ces ordres de petits tourbillons lestés de la sorte demeurent néanmoins emboîtés les uns dans les autres, comme les satellites de jupiter sont dans le tourbillon de cette planète, & les autres sont dans le tourbillon du soleil. C'est à quoi il faut bien penser.

Origine de la Liquidité. De chaque ordre de la matière éthérée il s'est donc comme détaché une quantité de petits tourbillons qui ont des globes pesans à leurs centres : & ce sont des amas de chaque ordre de ces tourbillons à globes pesans, qui en contiennent aussi de subalternes d'un ou de plusieurs ordres, & que la pesanteur a rabattus de toutes parts vers la terre ; ce sont, dis-je, ces divers amas qui composent les *liquides-principes*, comme l'eau, les différentes sortes d'huiles, les divers sels, &c. Ainsi chacune de ces matières, dans son état de liquidité, balance avec un ordre de tourbillons,

& est en effet de cet ordre-là.

L'eau, par exemple, balance avec un ordre, & apparemment avec le plus grand ordre. L'huile balance avec un ordre plus petit que celui de l'eau; car l'huile passe où l'eau ne passe pas. Le sel, avec quelque ordre encore plus bas; car le sel, dans son état de liquidité, passe où l'huile ne peut pas passer.

L'huile est donc *liquide* d'une liquidité différente de celle de l'eau. Le sel est liquide d'une liquidité différente de celle de l'huile & de celle de l'eau, &c. Ainsi, de même qu'on n'est pas surpris de voir que l'eau adhère aux objets sensibles plus que ne fait l'air; il ne faut pas non plus s'étonner de voir que l'huile y adhère plus que l'eau; le sel, plus que l'huile: ainsi du reste. C'est que les plus petits ordres sont les plus pénétrans, & qu'ils ont, pour ainsi dire, des liaisons & des intelligences où les autres n'en ont pas. C'est delà que vient la différence du *sec*, du *mouillé*, du *gras*, du *gluant*, & de tout autre dégré de ténacité ou de viscosité, auquel nous ne donnons pas de nom, soit parce

DES LI-QUIDES. que nous n'avons pas encore assez examiné les choses, soit parce qu'en effet nos sens n'y ont pas de rapport.

Jusqu'à-présent les plus habiles Chymistes n'ont considéré les liquides que sous trois noms, sous le nom d'*eau*, sous le nom d'*huile*, & sous le nom de *sel*. L'eau, l'huile, le sel, voilà toutes leurs liqueurs-principes. Mais il y a apparence que tout ce qu'ils appellent *sel*, n'est pas du même ordre; il y a même apparence pour *l'huile* : ainsi il seroit peut-être plus à-propos d'imaginer différens noms, que de distinguer, comme ils font, tant de sortes de sels, &c.

Divers ordres de Liquides Chacun des petits tourbillons qui font l'eau, a dans lui-même des tourbillons subalternes, d'autant de divers ordres qu'en contient l'ordre de matière éthérée avec lequel il balance, ou dont il est. Chacun des petits tourbillons qui font l'huile, contient des tourbillons subalternes, d'autant de divers ordres qu'en contient l'ordre de matière éthérée avec lequel il balance, ou dont il est. Chacun des petits tourbillons qui font le sel, &c. De plus, les plus grands tourbillons subalternes contenus dans l'eau peuvent être de l'huile proprement dite; les plus grands contenus dans l'huile peuvent être du sel; les plus grands contenus en un sel, en peuvent être un autre, &c. Mais le plus grand ordre d'une liqueur lui donne son nom, & les autres ordres y sont comme s'ils n'y étoient pas. Ainsi les tourbillons de saturne, de jupiter, & des autres planètes, ceux de leurs satellites, &c. sont-ils dans le tourbillon solaire comme s'ils n'y étoient pas, relativement à l'impression que fait ce tourbillon sur ceux des étoiles fixes. Et de même encore les ordres de petits tourbillons qui servent de véhicules aux diverses couleurs, sont-ils emboîtés les uns dans les autres comme s'ils n'y étoient pas, quand le rouge en particulier fait seul impression sur nos sens.

DES LIQUIDES. Comment une Liqueur en contient d'autres.

Mais si les tourbillons subalternes contenus en d'autres tourbillons, y sont comme s'ils n'y étoient pas; il n'en est pas ainsi d'un ordre inférieur qui remplit les interstices d'un plus grand. Cet ordre inférieur est lui-même un second liquide proprement

Plusieurs Liquides à distinguer dans chaque Liquide.

dit, dont les interstices sont aussi remplis par un troisiéme, ainsi de suite. Desorte que quand on sent, par exemple, plusieurs différens goûts à une liqueur, ce n'est pas la même que l'on sent ; on sent une ou plusieurs liqueurs de celles qui y sont contenues : & de même attribue-t-on souvent à une liqueur des effets & des propriétés qui sont d'une autre, & à une seule ce qui est de plusieurs. Source immanquable d'erreur pour les expériences.

Deux manières de subsister des Liqueurs subalternes. Les petits tourbillons qui composent chaque liquide subalterne se pourront donc considérer, ou comme dégagés des autres ordres, & faisant un milieu à part ; ou comme emboîtés dans d'autres liquides, comme si l'on imagine des sels dans les interstices de l'huile, des huiles dans ceux de l'eau, &c. Et même cette seconde manière de subsister est l'état le plus naturel des liquides subalternes; car on ne conçoit point qu'un liquide subalterne sorte & se déboîte d'un plus grand pour former un milieu à part, sans y être contraint par artifice, comme par l'adresse de la chymie, ou par quelque cas équivalent qui se peut rencontrer dans la Nature. Tel est le cas où le soleil, enlevant & raréfiant l'eau de la mer, fait que de petites parties de sel tombent par leur pesanteur des interstices de l'eau, qui deviennent alors grands & lâches. Delà vient que toutes les liqueurs que nous appellons *subalternes*, ne composent en ce monde ni mer, ni fleuve, ni lac, comme fait l'eau ; mais elles sont toutes emprisonnées & contenues en d'autres matières, d'où on ne les a que par extraits & par petites mesures : au lieu que l'eau étant du plus grand ordre, doit pouvoir subsister toute seule, & s'assembler d'elle-même en telle quantité que l'on voudra imaginer. Cette remarque ne fait pas le moindre préjugé pour l'hypothèse que nous expliquons.

Des liquides. Pourquoi il y a plus d'Eau que d'autres Liqueurs.

On voit aussi delà que pour expliquer la salure de la mer, il ne faut recourir ni à des mines, ni à des bancs de sel, que les Physiciens ont jusqu'ici distribués si à-propos dans le fond de la mer. C'est le propre de l'eau de contenir le sel, & non-seulement le

Pourquoi la Mer est salée.

sel, mais toutes les autres liqueurs; puisque les interstices d'un grand ordre doivent contenir les autres ordres plus petits. Ainsi c'est plûtôt l'eau de la mer qui est dans son état naturel, que l'eau douce. Nous avons remarqué que la mer contenoit du sel: mais elle contient également de l'huile; car elle est visqueuse & grasse. Elle est même aussi très-amère: & sans doute elle contient des liqueurs de tous les ordres. Mais elles ne nous causent pas toutes de sensations; parce que quelques-unes trouvent l'équilibre avec leurs semblables dans notre salive, ce qui les rend insensibles pour nous; au lieu que les autres ne le trouvent pas, ce qui nous les fait sentir tout d'abord.

Si, quand l'eau de la mer se dilate, il n'en tombe pas de l'huile, aussi bien que du sel; c'est que les petits tourbillons de l'huile ayant moins de pesanteur & plus de volume que ceux du sel, sont plus propres à être soutenus par ceux de l'air, & même à s'y dilater. Aussi voit-on, par plusieurs météores, que l'huile monte à une grande hauteur.

Maintenant si, au lieu de supposer que les petits tourbillons subalternes qui composent ceux de chaque liqueur soient eux-mêmes exactement d'autres liqueurs, nous supposons que cela ne soit pas, ou que cela ne soit exactement vrai que de quelques liqueurs, ou qu'il n'y ait même en cela aucune exactitude; ensorte, par exemple, que telle liqueur ait les ordres subalternes tous de pur éther, telle autre en ait seulement une partie, telle autre n'en ait aucun: en un mot, si nous voulons parcourir toutes les combinaisons qui se peuvent faire, tant des petits tourbillons mêmes, que des globules, & de leurs quantités & qualités les uns avec les autres; nous nous formerons une idée de cette variété comme infinie qui règne dans la Nature, & qu'il est important de bien considérer, à cause des effets différens qui naissent des diverses sortes de causes.

DES LIQUIDES.
Variété des Liqueurs.

On voit encore que cette origine que nous attribuons aux liqueurs explique mieux leurs hétérogénéités, caractérise mieux leurs différences, & est plus propre à rendre raison de

Hétérogénéité des Liqueurs.

leurs différentes propriétés, que les pointes de sel, les matières branchues, & les parties souples combinées avec la matière subtile du premier Cartésianisme, ou avec la matière de feu qui fait tout de nos jours : combinaisons non méchaniques, trop limitées & trop monotones, pour être celles qui régnent dans le monde.

Les liquides se peuvent considérer, ou comme des *corps particuliers*, ou comme des *milieux*. Les principales propriétés des liquides, considérés comme corps particuliers, font d'être *élastiques*, de *peser également en tout sens*, d'être susceptibles de *dilatation* & de *condensation*, d'être *coulans*, & d'être *subtils*. Leur principale propriété, comme milieux, est qu'ils sont *perméables* : & ils le sont en deux manières ; ou sensiblement, par la division ou séparation de leurs parties, comme quand des solides les traversent ; ou sourdement, pour ainsi dire, & secrétement, comme quand des milieux plus subtils passent par leurs pores.

Les autres propriétés des liquides trouveront aussi place dans la suite.

Il est clair que tous les liquides

ayant pour élémens des tourbillons, si ceux-ci se trouvent applatis par quelque compression extraordinaire, ils font un effort continuel pour s'arrondir ; & par leur force centrifuge, qui tend à rétablir leur sphéricité, ils réagissent très-vivement contre tout ce qui les gêne tant soit peu. Ainsi toute la masse d'un liquide est *élastique*, & elle l'est d'autant plus qu'elle est d'un plus petit ordre. {*Des liquides.*}

Il est clair aussi que les petits tourbillons qui composent ensemble un même liquide, étant parfaitement en équilibre entr'eux, ce qui bande quelques-uns de ces tourbillons les bande tous ; que s'ils sont comprimés, ils le sont au même dégré ; s'ils sont applatis, tout de même ; & que s'ils tâchent de se rétablir, ils le font tous également & avec la même force. Donc les liquides *pésent en tout sens*, c'est-à-dire, que leurs élémens se débandent en tout sens, & qu'ils font sentir de tous côtés la pression qu'ils souffrent eux-mêmes. {*Leur Pesanteur en tout sens.*}

Ceci est simple & naturel ; & on ne diroit point, à la vue d'une explication si facile, que cette propriété des liqui-

DES LI-QUIDES.

Leur Dilatation & Condensation.

des fût un des mystères de ce tems-ci.

On conçoit assez que si un tourbillon se trouvoit subitement environné d'un fluide dont les parties ne consistassent pas en d'autres tourbillons, ce tourbillon s'agrandiroit *de cette matiére libre*, qu'il en entraîneroit beaucoup, & qu'ils'y étendroit jusqu'à rencontrer des tourbillons ou d'autres obstacles qui bornassent ses conquêtes. La même chose arriveroit, si un tourbillon étoit environné de tourbillons d'un ordre inférieur; car un espace ainsi conditionné seroit, par rapport à lui, une *matière libre*.

Enfin si un tourbillon étoit environné d'autres petits tourbillons de son ordre, mais dont le diamétre fût plus grand, & la force centrifuge conséquemment plus petite que la sienne; ce petit tourbillon rongeroit ses voisins, & s'agrandiroit à leurs dépens, jusqu'à ce que l'équilibre s'ensuivît, & qu'ils ne fussent tous de la même force. Par une raison contraire, un tourbillon environné d'autres tourbillons qui, quoique de son ordre, auroient moins de diamétre & plus de force, seroit rongé & rapetissé par ses voisins trop vifs, jusqu'à ce que l'équilibre s'ensuivît, & qu'ils ne fussent tous de la même force.

On conçoit donc sans peine qu'un liquide se peut ou dilater ou condenser aux approches d'un autre, selon que ses élémens rongeront ou qu'ils seront rongés, quand les deux matières commenceront à comparer leurs forces centrifuges, & à en venir au détail en quelque façon l'une vis-à-vis de l'autre.

Les liquides sont aussi plus *lubriques*, c'est-à-dire, plus coulans, plus glissans, dans ce sistême-ci qu'en tout autre ; parce qu'outre qu'ils ont leurs parties divisées & subdivisées comme à l'infini, ces petites parties se repoussent toutes, & sont par conséquent plus détachées, plus dégagées les unes des autres ; & étant de figure sphérique, elles peuvent encore par leur roulement rendre plus facile le transport de leur masse.

Tant de calculs sur les *frottemens* mutuels des particules du même liquide, selon d'autres idées, & des couches sphériques différentes dans un tourbillon simple, n'ont donc pas

Leur Lubricité.

Remarque sur leurs Frottemens.

lieu dans ce cas-ci. La forme infiniment roulante, pour ainsi dire, la souplesse, la parfaite élasticité, & la répulsion réciproque que nous attribuons à nos moindres élémens, leur donnent une telle facilité à s'engrener & à se désangrener, sans se frotter progressivement; & elles leur font se rendre mutuellement & si exactement tous les coups qu'ils se donnent, qu'on ne peut leur appliquer (dumoins en les considérant dans leur perfection, comme dans l'éther,) les calculs des pertes de mouvemens que causent les frottemens des solides, & que causeroient sans contredit ceux des particules des liquides, si celles-ci avoient une autre force que celles dont on vient de parler.

Leur Subtilité. La subtilité d'un liquide ne consiste pas précisément à avoir des parties très-fines, & très-propres à s'insinuer dans les pores des autres corps: il semble que la *subtilité* dise quelque chose de plus. Si je ne me trompe, il faut entendre qu'une liqueur subtile pénétre réellement, & qu'elle s'insinue en effet, sans être contrainte & par elle-même. Or l'hypothèse dont il s'agit nous

nous donne cette insinuation, par la voie la plus simple.

Un plus grand ordre de petits tourbillons que celui des tourbillons du liquide qui doit s'insinuer dans les pores d'un corps, lequel grand ordre réside dans ces mêmes pores, & par la continuité atteint le liquide dont on parle ; cet ordre, dis-je, ou plûtôt les tourbillons de cet ordre qui touchent immédiatement le liquide, en enlèvent par leur circulation chacun une couche sur leurs surfaces. Selon ce qu'on vient de dire, les plus proches de ceux-ci, par leur tournoiement continuel, partagent avec eux ce qu'ils viennent de prendre. Ils en font aussitôt part à d'autres ; & un nombre infini de parties du liquide se trouvent transportées tout d'un coup loin de la masse commune. Le voilà donc proprement *subtil*, c'est-à-dire, qu'il a pénétré des corps, des espaces, des organes, &c.

La doctrine des liquides comme *perméables*, ou la perméation des liquides a, comme on l'a dit, deux parties ; la *perméation sensible*, & la *perméation insensible*. Ce qui regarde la première

Leur Perméabilité, ou Perméation.

partie se réduit à la théorie *de la résistance des milieux*, qu'on a vue dans ces derniers tems donner de l'exercice aux plus grands génies.

La résistance d'un milieu procéde de plusieurs chefs, de sa pesanteur, de sa grossièreté, de l'imperfection de son ressort, du défaut de compression dans ses parties, du défaut de souplesse, en un mot, de l'imperfection de sa fluidité. Et tous ces *chefs* se trouvent également dans l'hypothèse des petits tourbillons : ce qui n'a besoin d'aucun détail.

Mais il suit de la vue de ces chefs, & de toutes les spéculations des plus sçavans hommes en ce genre, qu'un milieu de nulle pesanteur, d'une élasticité, d'une délicatesse, d'une compression, d'une souplesse, ou d'une fluidité infinie, ne feroit aucune résistance à la translation d'un solide. Ce qui demande une attention toute particulière : car puisque l'hypothèse des petits tourbillons nous présente, dans la matière éthérée, un tel milieu, ou peu s'en faut ; il s'ensuit aussi qu'elle nous fournit la raison méchanique de la non-résistance réelle ou apparente des espaces célestes ; & que c'étoit enfin à cette idée des grands & petits tourbillons qu'il en falloit venir pour répondre en notre langue, c'est-à-dire, clairement, à tout ce que nous oppose Mr. Newton, comme on le verra dans la suite.

La perméation insensible n'a pas été développée jusqu'ici. Les Physiciens ont assez observé qu'il y avoit certaines matières subtiles qui traversoient sourdement les liquides. La vertu magnétique, l'électrique, & bien d'autres phénomènes offrent des exemples tous merveilleux de ces passages tacites. Mais comment se font-ils ? On n'en dit rien. Quelle méchanique conserve le mouvement, la direction, la vitesse de ces parties subtiles ? Comment s'entrelacent deux milieux qui, sans la moindre altération, se ramilent l'un l'autre, pour ainsi dire ?

Ce n'est que de l'hypothèse des petits tourbillons qu'on peut déduire naturellement cette belle propriété des liquides. Un liquide, selon cette hypothèse, est composé de plusieurs liquides. Le plus grand ordre d'un milieu a les interstices de ses tourbillons remplis d'un autre milieu. Les interstices de celui-ci sont remplis d'un troisième; ainsi de suite. Chacun de ces ordres est indépendant, non-seulement pour l'existence, mais pour le mouvement, de celui qui le contient. Il est indifférent à chacun que l'ordre subalterne, qui est dans les interstices, se meuve ou se repose, si ces interstices sont toujours également remplis & pressés. Qu'importe à un amas de boules entassées en plein air, quant à l'exactitude de la compression & de la plénitude de leurs interstices, qu'il y ait du vent ou qu'il n'y en ait pas? Or de même que l'air d'entre ces boules est un milieu proprement dit qui ne dépend, ni pour l'existence, ni pour le mouvement, de ces mêmes boules; de même un ordre de tourbillons qui remplit les interstices d'un plus grand, & qui est infiniment plus délié pour cet ordre supérieur que l'air n'est pour ces boules, fait-il un milieu tout distinct qui se mouvra par l'autre avec tel dégré de vitesse & en tel sens qu'on voudra dire.

Cela conçu, je dis qu'un liquide

en peut traverser un autre en plusieurs manieres. 1°. Etant entraîné sur les surfaces de quelque ordre de tourbillons de ce liquide, & transmis d'un tourbillon à l'autre, comme on l'a dit en expliquant la subtilité des liquides. 2°. Si le liquide traversant est un subalterne du traversé, il peut entrer dans ses interstices comme de pleinpied, avec autant de liberté que celui qui y est; & s'il est déterminé par quelque cause, il passera jusqu'à l'autre bout sans aucun trouble. 3°. Enfin, si le liquide qui doit se mouvoir réside originairement dans les interstices de l'autre, la chose est absolument simple : l'on conçoit que la moindre cause peut le faire glisser par son lit.

Ceci nous donne déja une idée des ressources & de la fécondité de l'hypothése des petits tourbillons. On s'en convaincra de plus en plus, à mesure qu'on avancera. Mais jettons encore un coup d'œil sur la simplicité de ce sistême. En faisant consister les liquides en petits tourbillons portant des globules à leurs centres, & entraînant d'autres tourbillons pareillement lestés, qui en entraînent encore de moindres, ainsi de suite; nous ne faisons que copier exactement la Nature même, qui nous présente ce méchanisme dans le tourbillon du soleil. Nous la croyons dans le petit ce qu'elle est certainement dans le grand; & nous lui attribuons uniquement d'être semblable à elle-même. Cela est d'autant plus raisonnable qu'il n'y a absolument ni grand, ni petit. Celui qui a distribué l'immensité du monde en grands tourbillons, peut faire la même distribution dans la moindre goute d'eau. Celle-ci n'est pas moins divisible que le liquide immense de l'Univers. Et il me semble encore qu'il est plus sensé & plus philosophique de tirer un Univers entier d'une seule idée, que de changer à chaque occasion de principe & de plan, & de faire autant de sistêmes qu'il y a de diverses sortes de corps.

Tenons-nous-en donc à ce principe, que les liquides consistent en petits tourbillons portant des solides à leurs centres, ayant des satellites autour d'eux, des satellites de satellites, ainsi du reste, avec une variété de combinaisons digne d'une Sagesse infinie; & mettons le Lecteur en état de pénétrer plus loin que nous, en achevant de lui indiquer les moyens qu'il a de le faire.

Notion des Acides & des Alkalis.

Si l'on veut concevoir que, par quelque accident, les globules que contiennent de petits tourbillons viennent à en être abandonnés & à demeurer seuls; s'ils perdent, en un mot, leurs tourbillons; ou bien, si l'on veut concevoir un tas de ces sortes de globules propres à être entraînés par de petits tourbillons qui seroient d'ordre compétent; on aura une notion naturelle des *acides* & des *alkalis*. Les *acides* sont de petits tourbillons propres à s'emparer des *alkalis*. Les alkalis sont des matières qui ne sont pas en tourbillons, & qui sont propres à être emportées ou entraînées par les acides. Voilà les principes actifs & passifs, que tous les Chymistes ont à la bouche, mais dont tous les Chymistes n'ont pas des idées nettes.

Manière d'étudier cette matière.

On voit enfin que la meilleure méthode pour bien détailler cette matière est de parcourir d'abord, sinon toutes, du moins les principales combinaisons dont on vient de parler, & d'en faire des articles. Puis, en faisant l'application de ses méditations à l'expérience, on verra à quelle combinaison répondra chaque liqueur connue : & celles de ces combinaisons qui sembleront ne répondre à aucune des liqueurs qu'on connoît, ou serviront à faire connoître des liqueurs que l'on ne connoissoit pas, ou à faire connoître les différences d'entre quelques-unes que l'on confondoit peut-être; ou enfin elles ne serviront à rien. Mais on sçaura du moins leur inutilité; & cela même est une connoissance qui jette du jour sur toutes les autres.

C'est à la chymie à déterminer avec quel ordre de tourbillons balance chaque liqueur; combien chacune d'elles contient d'ordres subalternes qui aient des globes pesans, ou qui n'en aient pas; si ces globes sont seulement aux centres, ou s'il y en a aussi sur les surfaces; quels globes sont les plus spongieux, les plus denses, les plus durs, les plus mols, &c. C'est à elle en un mot à examiner toutes les différentes combinaisons, d'où l'on voit maintenant que dépendent toutes les modifications de la liquidité.

DES LIQUIDES

A l'égard des liqueurs qui font à nos ufages, ce font prefque toutes des mélanges. Il n'y a peut-être pas dans le monde une feule molécule de ces liqueurs, qui ne contienne que la feule efpèce dont elle porte le nom. Il y a un peu de tout en chacune : mais ce qui domine en une liqueur la fait dénommer. De même que dans le monde entier il n'y a peut-être pas un corps coloré qui renvoie feulement les rayons d'un feul ordre ; chaque objet en renvoie un peu de tous les ordres ; mais celui dont il renvoie le plus, en fait la couleur.

Les Liqueurs Ufuelles ne font pas fimples.

III.

Des Minéraux & des Métaux.

TAndis que les petits tourbillons qui compofent une liqueur ont affez de matière fluide pour faire circuler rapidement les globules pefans qu'ils entraînent, cette liqueur conferve fa

DES MINÉRAUX MÉTAUX, & autres SOLIDES.

DES MI-
NÉRAUX
MÉTAUX,
&c.

Leur
Origine.

liquidité: elle est dissolvante, élastique, pèse en tout sens, &c. Mais si quelque cause venoit à diminuer la quantité de leur matière fluide, soit d'une diminution relative, comme s'il leur survenoit trop de matières pesantes, soit d'une diminution absolue, comme si des tourbillons plus petits s'agrandissoient à leurs dépens; alors les globes pesans, ou autres molécules solides, se rapprocheroient, pourroient se toucher, s'embarrasser, couvrir les petits tourbillons d'un pole à l'autre, & former à l'entour de chacun une enveloppe ou une sphère creuse, au dedans de laquelle circuleroit toujours la matière fluide qui lui resteroit, mais qui ayant sa surface désormais ralentie, frotteroit nonchalamment ses voisines aussi engourdies qu'elle: & à la fin elles se frotteroient tant, qu'elles demeureroient dans un repos respectif. Puis, au moyen de leur contact & de la compression du milieu environnant, elles composeroient un corps dur dont la dureté pourroit être de différent dégré, 1°. selon que les globules seroient compacts ou spongieux, 2°.

selon qu'ils se toucheroient en plus ou moins de parties, 3°. selon qu'ils seroient d'un ordre plus petit ou plus grand.

Des mi-néraux métaux, &c.

Plus leur ordre seroit petit, plus la dureté seroit grande, toutes choses d'ailleurs égales. Car les plus petits tourbillons ont la plus grande élasticité, & la plus grande force comprimante. Ainsi il y a autant d'ordres de dureté de ce seul chef, qu'il y a d'ordres de petits tourbillons. Et ces différentes duretés peuvent être modifiées à l'infini par le mélange des différentes matières qui peuvent s'associer aux globules pendant qu'ils se rapprochent, s'insérer dans leurs interstices, & rendre par-là leur concrétion plus prompte ou plus lente, plus ferme ou plus lâche.

Divers ordres de Dureté.

C'est ainsi qu'on peut concevoir la formation de la glace, toute sorte de congélations, la concrétion des métaux, de tous les minéraux, & de toutes les matières qui se peuvent fondre. Car le fond de tous ces corps durs, le premier principe de leur consistance, vient de l'union des globes pesans des petits tourbillons dont l'ordre leur

Consolidation des Solides.

sert de base. Chaque métal, chaque matière fusible appartient au moins à un ordre de matière éthérée, & les premiers principes sont de cet ordre. Ainsi on peut considérer les divers corps fusibles comme des piéces de glace de leur ordre; ou bien, on peut considérer la glace ordinaire comme un corps fusible, un minéral qui appartient à l'ordre des tourbillons de l'eau.

Des Minéraux Métaux, &c.

A mesure que les surfaces des petits tourbillons de l'eau commencent à ralentir leur circulation, pour former de la glace; les ordres subalternes qui occupent les interstices de l'eau, étant moins comprimés qu'auparavant, s'étendent & se dilatent: de sorte que le froid qui condense l'eau, cause en même tems une dilatation dans tous ses liquides subalternes. Delà ces bulles & ces cavités qui augmentent le volume de la glace, qui la rendent plus légère que l'eau, qui lui font crever plusieurs vaisseaux; delà cette distance qu'on remarque entre la surface de l'eau & la glace qui la couvre; delà l'air prétendu qu'on croit tirer de l'eau; delà l'effort de certains arbres

Raisons des Propriétés de la Glace.

qui éclatent & se fendent dans les grands froids. Ces arbres contenoient de l'eau, ou autre liqueur, qui s'est gelée, &c.

DES MI-NÉRAUX MÉTAUX, &c.

Dans la formation des métaux, ce n'est pas seulement un ordre de petits tourbillons qui perd sa circulation ; tous les subalternes, ou presque tous, la perdent comme lui. Et delà l'extrême dureté, la pesanteur, la densité des métaux.

Différence d'entre les Métaux & la Glace.

Enfin il peut y avoir des minéraux très-durs, très-denses & très-pesans, dont la formation ne renferme point la congélation de plusieurs ordres : mais, c'est qu'alors leurs élémens sont d'un si petit ordre que la dilatation des ordres subalternes n'a, par rapport à nous, aucun effet sensible.

Pour faire fondre maintenant ces différens corps durs, il ne faut que les mettre dans un milieu où les petits tourbillons de leurs ordres soient plus dilatés que les leurs. Car dèsLors leurs petits tourbillons regagneront la matière fluide qui leur manque, s'agrandiront aux dépens de ces nouveaux venus; & soulevant, en s'agrandissant, les parties solides du corps à fon-

La Fusibilité.

DES MI-NERAUX METAUX, &c. dre, ils les détacheront les unes des autres, les feront circuler de nouveau dans leur matière fluide : & voilà la masse en fusion, c'est-à-dire, en liqueur.

En un mot, pour faire fondre un corps fusible, il ne s'agit que de faire relâcher le milieu comprimant : car aussitôt les petits tourbillons, dont l'engourdissement a formé le corps à fondre, reprennent leur fluidité aux dépens de celle du milieu. Mais ce relâchement arrive plus ou moins difficilement, selon que le milieu est d'un ordre plus petit ou plus grand; & selon que le corps à fondre a ses élémens comprimés par plus ou moins de milieux. Car il peut avoir des élémens d'un ou de plusieurs ordres; & delà ses divers ordres de pores.

Pourquoi le Mercure demeure fluide. Si les petits tourbillons dans l'assemblage desquels consiste un minéral ou un métal, quoiqu'ils entraînent beaucoup de matières pesantes, n'ont pas ces matières à leurs surfaces, comme saturne n'est pas à la surface du tourbillon solaire, non plus que les satellites de saturne qui ont aussi des tourbillons qui les empêchent d'y être;

alors ce minéral demeure fluide, les matières grossières ne pouvant s'unir, faute de se toucher les unes les autres. C'est l'état du *mercure* ou *vif-argent*.

DES MI-NÉRAUX MÉTAUX, &c.

La diversité d'élémens dans les minéraux & les métaux, répond à la diversité des liquides-principes : car il n'y a pas de liquide-principe qui ne puisse devenir la base d'un minéral ou d'un métal, en perdant sa matière fluide; & il n'y a métal ni minéral qui ne puisse devenir une liqueur, en regagnant cette même matière dont la perte l'a rendu métal. Ainsi ce qui est un métal en une situation, peut être une liqueur en une autre. Ce qui est *eau* sous l'équateur, est *glace* sous le pole. Il peut y avoir telle planète, comme mercure, où l'on ait en liqueur quelqu'un de nos métaux; & il peut y en avoir, comme saturne, où l'on ait en métal quelqu'une de nos liqueurs.

Ici même les divers liquides ne sont pas de la même consistance. Ceux qui sont d'un plus petit ordre, sont plus disposés à se durcir. Ainsi l'huile est d'une consistance plus ferme que l'eau; le sel, plus ferme que l'huile, &c.

Raison des diverses Consistances des Liquides.

DES MI-NERAUX MÉTAUX, &c. C'est qu'il est naturel que les plus petits ordres soient les plus embarrassés de leurs globules. Pour peu qu'ils perdent de leur matière fluide, cette perte est grande pour eux. Leurs petits globules se rapprochent d'abord, les couvrent d'un pole à l'autre, & en font des corps durs. Ainsi le moindre froid fait geler l'huile; le sel devient encore plus dur; & l'eau ne se durcit que par un très-grand froid.

Pourquoi l'Huile se gèle facilement & ne se durcit jamais. Cependant quoique l'huile usuelle se gèle facilement, elle n'acquiert pas une grande dureté: mais les matières hétérogènes qui accompagnent cette huile, & qui sont des liquides d'un plus grand ordre, en sont la cause. Enfin si, malgré le plus grand froid, cette huile ne devient jamais dure comme la glace; c'est que les molécules couvrant les surfaces des tourbillons étrangers qui l'entraînent, elles empêchent le froid de les pénétrer, & par-là les aident à conserver leur matière fluide.

Il est aussi à remarquer que dans la fusion de nos métaux & de plusieurs minéraux, nous ne reconnoissons point nos liquides-principes, comme

DES PETITS TOURBILLONS. 113

nous reconnoissons l'eau dans la glace fondue. Ce qui marque que les combinaisons de petits tourbillons à globes pesans, qui sont les bases de ces corps, ne sont aucune de celles qui constituent les essences de nos liqueurs; & qu'ainsi il est aussi important, comme on l'a observé en finissant les liquides, de considérer les combinaisons qui ne répondent pas à nos liqueurs, que celles qui leur répondent, parce qu'il n'y en a peut-être pas une qui ne soit employée dans la Nature, & qui ne soit la base de quelque chose.

DES MI-NERAUX METAUX, &c.

La ductilité des métaux procéde de ce que leurs élémens, étant de différens ordres, sont comprimés par plusieurs milieux. Ce qui fait qu'ils ne cédent que par dégrés à l'agent qui veut séparer ou rompre leurs parties: au lieu que la glace, le verre, &c. ne sont apparemment pressés que par un ordre; ce qui les fait céder brusquement quand ils cédent. Je dis, quand ils cédent: car il peut y avoir des corps comprimés par un ordre de tourbillons si petits, que le marteau soit à peine capable de vaincre la for-

La Ductilité.

DES MI-NÉRAUX MÉTAUX, &c. ce dont cet ordre comprime.

La viscosité dépend du même principe. Cette propriété est aux matières visqueuses ce que la ductilité est aux métaux.

Origine des Atmosphères des corps grossiers. Il est assez aisé de s'imaginer que dans une quantité de globules qui se trouvent réunis pour former un métal, tous ne sont pas également dépouillés de leur matière fluide, & qu'il y en a encore qui conservent des restes de tourbillon où ils nagent; ou bien, il est aisé de concevoir que parmi les petits tourbillons de matière éthérée qui se réunissent pour faire un métal, tous ne sont pas également accablés de globules durs, & qu'il y en a encore qui conservent des restes de circulation plus ou moins grands : ce qui les empêche de s'incorporer à la masse du métal, & d'en être comme les autres. Mais ces espéces de volontaires ont cependant quelque affinité avec ceux qui y sont engagés. Ils demeurent auprès d'eux, ils ne les quittent point, ils remplissent les pores de la masse, ils regorgent autour d'elle; & leur homogénéité avec ses parties & entr'eux empêche qu'ils ne se dissipent au loin, & qu'ils ne se mêlent avec d'autres choses. C'est en cela que consiste l'atmosphère d'un métal. Les minéraux en ont aussi sans doute; & tous les corps solides apparemment en ont plus ou moins par cette même voie.

Il n'est pas sans doute surprenant que la densité de ces atmosphères diminue à mesure qu'elles s'éloignent de la masse, puisque la source est originairement dans l'intérieur même de la masse; & qu'on voit, dans tout autre cas semblable, comme dans les atmosphères des corps vivans, dans celles des corps odoriférens, que les corpuscules sont plus rares au loin de la surface des corps, qu'ils sont en plus grande quantité auprès d'elle, & peut-être plus denses en eux-mêmes.

Il est aussi naturel de croire que de tous les ordres de l'éther il se précipite encore aujourd'hui de petits tourbillons, qui servent continuellement à l'entretien tant de la substance que de l'atmosphère des minéraux & des métaux. L'accroissement des mines en est une preuve; & le raisonnement y conduit, autre sorte de preuve qui, en matière suivie, est une espéce d'expérience.

Dissolution des Métaux par les Liqueurs.

Avec la structure que nous attribuons aux métaux, aux minéraux & aux liqueurs, il n'est pas difficile de concevoir la dissolution de ceux-là par celles-ci. Les liqueurs sont dissolvantes en deux manières; 1°. par la force centrifuge des petits tourbillons qui les composent, lesquels, par la solidité des globules qu'ils entraînent, heurtent violemment les parois des pores où ils s'insinuent, & les obligent à s'écarter; delà vient que certaines liqueurs ont besoin qu'on y jette certaines matières, pour qu'elles puissent dissoudre certains corps: 2°. parce que les liqueurs peuvent occasionner l'agrandissement des petits tourbillons de leur ordre qui sont contenus dans les métaux, ou minéraux, qu'on veut dissoudre. Ces petits tourbillons agrandis soulévent les parties de ces corps, &c.

Chaque corps qu'on veut dissoudre appartenant à un ou à plusieurs ordres de tourbillons, il faut que la liqueur dissolvante soit aussi d'ordre compétent. C'est du défaut de cette condition que vient l'impuissance de certaines liqueurs à l'égard de quelques corps, tandis qu'elles en dissolvent quelques-autres qui semblent plus difficiles.

DES MI-NARAUX METAUX, &c.

Mais on peut très-bien se tromper sur cette compétence d'ordre, & n'entendre la chose qu'à demi. Je m'explique. Comme il n'y a pas de métal dont les élémens ne soient de plusieurs ordres, il n'y à point aussi de liqueur qui n'en contienne plusieurs tout-à-la-fois. Les interstices des plus grands tourbillons qui composent une liqueur, comme on l'a déja dit, sont remplis par un autre liquide plus bas, au moins, d'un ordre, &c.; & tous ces liquides subalternes sont autant de milieux divers, autant de différens principes de dissolution, qui peuvent être compétens, ou ne l'être pas, à l'égard des élémens subalternes d'un minéral ou d'un métal.

Condition requise pour cette Dissolution.

Lorsque tous les liquides qui composent un liquide, se trouvent précisément des mêmes ordres que les élémens d'un métal, la dissolution est parfaite: & selon qu'il manquera plus

DES MI-NERAUX METAUX, &c. ou moins de cette condition, la dissolution sera ou moins entière, ou nulle. Chaque ordre de liqueur n'a de prise que sur les élémens de même ordre.

Ce n'est donc plus une merveille, si l'eau-forte ordinaire dissout l'argent, sans avoir de prise sur l'or; & si l'eau-régale dissout l'or, sans pouvoir dissoudre l'argent. Mais on sçait combien ce phénomène est difficile à expliquer par d'autres principes.

La Rouille. La rouille, qui dans l'humidité s'attache aux métaux, est un commencement de dissolution. Quelque ordre subalterne de l'eau, qui se trouve compétent, fait gonfler la surface du métal. Le gonflement désunit quelques molécules de cette première couche. Les petits tourbillons de l'atmosphère métallique, qui sont déja nécessairement plus denses auprès qu'au loin du corps, se chargent, par leur circulation, de ces particules ainsi détachées, & en deviennent bientôt tellement incrustés que leurs surfaces en perdent leur mouvement circulaire: puis s'arrêtant les unes auprès des autres, elles composent ce qu'on appelle la rouille.

On peut réduire pareillement à des idées fort nettes les dissolutions successives de différens sels par la même liqueur. Quand un sel se dissout dans l'eau, ce n'est pas l'eau proprement qui le dissout. C'est un liquide subalterne de l'eau, de l'ordre de ce sel : parce que les tourbillons de ce liquide sont actuellement plus grands que ceux du sel ; ce qui fait que ceux-ci s'en agrandissent, & se retrouvent bientôt en état de remettre leurs globules à la nage. Un autre ordre subalterne de la même eau, par un méchanisme tout semblable, peut dissoudre un autre sel, &c. Ce qui confirme en même tems ce que j'ai insinué, que tous les sels ne sont pas de même ordre.

DES MINERAUX METAUX &c.

Dissolution de divers Sels par la même Liqueur.

L'eau douce a apparemment des tourbillons d'éther de l'ordre du sel, dans les interstices qui le contenoient, lorsque cette eau étoit dans la mer. Et en général toutes les matières que l'évaporation lui a fait perdre sont pareillement remplacées, de quelque manière équivalente. Delà l'eau douce est moins pesante & moins transparente que l'eau de la mer.

DES MI-NERAUX METAUX, &c.

Calci-nation.

Enfin la calcination diffère de la dissolution, en ce que les petits tourbillons qui séparent les parties du corps qui se calcine, les détachent simplement les unes des autres, sans les tenir en dissolution; soit parce que ces parties sont trop grossières pour que ces tourbillons s'en puissent charger; soit parce que ces mêmes tourbillons sont trop volatils, & qu'ils s'évaporent trop facilement, dès qu'ils ont rompu leurs prisons. Quoiqu'il en soit, ils s'échappent d'abord; & laissent-là, comme un tas de poussière, tous les débris de leurs maisons. Mais ils ne vont pas eux-mêmes bien loin: car à peine commencent-ils à s'élever, qu'ils prennent en circulant dans l'air les parties terreuses qu'il leur présente, parce qu'il en est toujours chargé; qu'ils s'en enveloppent de nouveau, & qu'ils retombent encore dans le tas, devenus pesans & grossiers. Ce qui produit l'augmentation de poids & de volume que reçoivent quelques matières en se calcinant.

Il se peut même que ce soient des élémens de la matière calcinée, c'est-à-dire, leurs pareils, que ces petits tourbillons

tourbillons prennent dans l'air : car l'atmosphère contient de tout. Et ce n'est pas seulement l'air qui environne immédiatement la calcination, qui lui peut fournir des parties : car l'air le plus voisin ayant donné les siennes, en reçoit aussitôt de l'air ultérieur, & se trouve en état incontinent de refaire la même chose. De sorte qu'en peu de tems les élémens pareils sont, pour ainsi dire, soutirés d'un fort grand espace à la ronde.

Il ne s'agit plus, pour acquérir une parfaite connoissance des fossiles, que de déterminer à quels ordres de petits tourbillons appartiennent les élémens de chaque mixte. Ce qu'on a lieu d'espérer du travail & de l'adresse de nos Chymistes.

IV.

Du Magnétisme.

ON ne peut penser que les différens ordres de la matière éthérée aient la disposition dont on a parlé, à former les minéraux & les métaux, à leur fournir la nourriture, à faire croître les mines, ainsi du reste; sans croire en même tems que l'éther entier, du tems de l'origine des choses, a dû assembler par la même voie, autour du centre de notre tourbillon, de quoi composer un globe plus dense, plus affermi & plus compacte que cette surface de terre que nous habitons, dont les parties sont si détachées & tiennent si peu les unes aux autres. Il est même raisonnable de croire que puisqu'aux environs de cette surface, qui n'a pu se consolider qu'après l'intérieur de la terre, il s'est néanmoins formé par-ci par-là des mines & des carrières de toute espéce; il avoit tombé ci-devant des matières plus pesantes, & que cet amas fondamental est comme le noyau de la terre, qui est couverte de cette espéce de croûte que nous croyons épaisse, & qui l'est bien assez pour nos besoins.

Or ce noyau, qui proprement fait le corps de la terre, & dont la densité peut être à la densité de la croûte comme celle de la croûte à celle de l'air; ce noyau, dis-je, tient de la nature des minéraux & des métaux. Tous les raisonnemens y conduisent. Il a donc aussi son atmosphère proportionnée à sa masse, c'est-à-dire, qui remplit son intérieur ou tous ses pores, & l'entoure en dehors à une certaine distance telle que la demande son épaisseur.

Supposons donc que son épaisseur soit de 2500 lieues : quelle sera dans ce cas l'étendue de son atmosphère en dehors, s'il en est d'elle à proportion comme de celle d'un métal ? Assurément on ne lui contestera pas une atmosphère de plusieurs lieues. Je ne la suppose que de quatre lieues, dont deux soient dans la croûte, & les deux autres en l'air.

Cela supposé, prenons bien garde à cette atmosphère du noyau de la terre; & surtout ne la confondons pas avec cette atmosphère aérienne, qui est toute extérieure à la croûte même, & qui est connue de tout le monde.

Cette atmosphère métallique du noyau a une raison particulière pour être exactement conservée autour de lui: car outre la raison de l'homo-

DU MAGNÉTISME.

Épaisseur & Atmosphère de ce Noyau

DU MAG-NATISME généité, en vertu de laquelle elle s'y doit contenir comme les atmosphères des autres corps; la raison de la pesanteur contribue encore à la serrer; & tous les ordres de matière éthérée, dont elle est un sédiment, pour ainsi dire, la compriment continuellement & ne lui permettent pas de se dissiper. Ils fournissent même à son entretien, comme à celui des atmosphères des minéraux & des métaux, à la nourriture de ces corps, & à l'accroissement des mines, comme on l'a dit dans l'article précédent.

Fil des Veines & des Pores de ce Noyau. On sçait que les métaux & les minéraux vivent & se nourrissent dans la terre; & l'on observe qu'il y a des veines & un certain fil dans les mines, selon lesquels les matières subtiles les pénètrent facilement, comme il y a une suite dans leurs pores qui n'y est pas dans les autres sens.

Manière d'expliquer le Magnétisme. Tout cela bien entendu, je détache par l'imagination quelque quantité de métal brut de la mine où il vit. Prenons-en, par exemple, un cylindre dont l'épaisseur égale la longueur; & supposons lui une atmosphère bien conditionnée, tant au dedans qu'au dehors de sa masse : supposons enfin que ce cylindre soit contraint de tourner rapidement sur un axe parallèle au fil de sa substance, qui soit aussi selon sa longueur.

Il est clair que le premier effet du tournoiement de ce cylindre sera de faire échaper son atmosphère, dont les parties ont une pesanteur comme métalliques, de la faire échaper, dis-je, tant de l'intérieur que d'alentour du corps, si elle peut facilement être remplacée par quelque autre matière; car cette condition est requise, à cause que tout est plein.

Donc l'atmosphère intérieure s'échapera, suivant le fil du métal; & l'extérieure ira en l'air, si le remplacement est facile, comme on vient de le dire. Mais si ce même cylindre & cette même atmosphère étoient dans un cylindre creux qui fût exactement plein de lui & d'elle, ensorte qu'il ne permît ni la sortie des particules de cette atmosphère, ni l'entrée d'aucune autre matière qui la pût remplacer; quel parti prendroit l'atmosphère dans ce tournoiement prodigieux ?

On voit qu'ainsi emprisonnée elle

a la même tendance qu'étant libre; & que si elle avoit, dans l'autre cas, la facilité de se mouvoir, parce que le remplacement pouvoit se faire; elle l'a pareillement dans celui-ci, se pouvant remplacer elle-même. Ainsi elle ne manquera pas de satisfaire à son impétuosité, & à l'élancement qu'elle tire du tournoiement, de plus que le solide.

Il est clair que cet excès de mouvement ne peut pas demeurer oisif: car il est renouvellé à tout moment par le tournoiement du cylindre. Il a un principe permanent; & puisqu'il ne peut s'éteindre, il en faut faire quelque chose.

Je dis donc que la partie de l'atmosphère qui est dans l'intérieur du cylindre, tendra à s'échaper par quelqu'un des bouts; & qu'au premier relâchement vers un bout, le milieu & l'autre bout tendront à suivre. L'atmosphère extérieure suivra de même, comme si une séringue la suçoit; & le tout enfin prendra un cours qui satisfera à l'impétuosité qui naît du tournoiement du cylindre, & qui sera constamment entretenu pendant que durera ce tournoiement.

Si l'on veut changer ces cylindres, solide & creux, en un globe solide & une sphère creuse, les autres conditions demeurant toutes les mêmes; cette circulation de l'atmosphère en jouera encore mieux son jeu, & nous aurons une idée exacte de ce cours de matière magnétique d'un pole à l'autre que l'expérience justifie, & dont on voit l'origine méchanique dans le mouvement journalier.

Le noyau de la terre selon nous, en qualité de métal, a donc une atmosphère qui lui est propre, laquelle, en remplissant ses pores, l'environne encore par dehors à une certaine distance, à proportion comme les métaux sont environnés de la leur. Cette atmosphère, homogène à elle-même & aux élémens du noyau, est encore retenue autour de lui par sa pesanteur. Elle s'étend par toute l'étendue de la croûte de la terre, & à une bonne distance encore dans l'air; sa pesanteur, comme on l'a dit, & l'hétérogénéité du liquide environnant lui tiennent lieu de sphère creuse; & la perpétuité du tournoiement de la terre fait la constance de son mouvement d'un pole à l'autre.

DU MAG-NÉTISME. Ne courons pas trop vîte à l'objection, & allons tranquillement pas à pas. Il est sûr qu'il n'y a rien d'absurde dans la supposition de ce noyau, ni dans celle de son atmosphère; & que si celle-ci doit avoir, selon les loix des méchaniques, le mouvement dont nous parlons; elle explique très-naturellement le cours magnétique d'un pole à l'autre. Il ne s'agit donc que de s'assurer de la légitimité de ce mouvement. Mais voici une observation qui doit éclairer cet examen.

Remarque sur le Cours Magnétique. La promptitude & la régularité de la direction de l'aimant en tous lieux montrent que la matière magnétique circule assez rapidement, & avec une extrême abondance, d'un pole à l'autre. Si elle ne circuloit pas rapidement, elle ne tourneroit pas si brusquement un aimant libre; & si elle n'étoit pas si abondante, elle n'auroit point si exactement son effet en tous lieux. Il y auroit des endroits dépourvus, où elle feroit une moindre impression, & même où elle n'agiroit peut-être pas. Mais il paroît qu'elle est répandue uniformément par le monde; & à voir comme elle est présente, comme elle abonde sensiblement dans le moindre espace, on diroit qu'elle occuperoit seule la sphère où elle s'étend.

DU MAGNÉTISME.

Mais si cette matière est si abondante, comment se meut-elle si rapidement sans être embarrassée de rien, & sans faire impression que sur l'aimant? Conçoit-on bien distinctement cette abondance de matière, & cette liberté de se mouvoir tout-à-travers toutes choses, sans rien heurter?

On conçoit très-bien l'une & l'autre dans l'hypothèse des petits tourbillons: car on y voit que les interstices d'un fluide quelconque sont remplis d'un fluide subalterne tout hétérogène au premier; que les interstices du second sont remplis d'un troisiéme, ainsi de suite; que l'atmosphère du noyau terrestre est un fluide d'un ou de plusieurs ordres subalternes de l'éther; & que de même que toutes les eaux des fleuves, des rivières & des mers sont constamment retenues contre terre par l'ordre de l'éther dont elles sont, de même aussi l'atmosphère dont on parle est déprimée & retenue par

La matière Magnétique est un milieu.

F v

l'ordre dont elle est; & elle occupe seule les interstices qui lui peuvent convenir jusqu'à la hauteur où elle monte. Desorte que si, par exemple, cette atmosphère balance avec le dixième ordre de l'éther, elle remplit seule tous les interstices du neuvième ordre, & fait ainsi un fluide subalterne hétérogène à tous les autres, continu, présent en tous lieux, & enfin tellement indépendant des neuf autres ordres qu'il peut se mouvoir d'un ou d'autre sens, sans en informer aucun, pour ainsi dire, & sans qu'ils puissent sentir sa marche.

On ne sçauroit trop se rompre à considérer ce qui a été dit (dans les liquides) d'un *milieu* contenu dans les interstices d'un autre, sçavoir, *qu'un liquide subalterne, qui auroit un mouvement translatif qui lui fût particulier, le pourroit suivre facilement par les interstices d'un plus grand.* C'est que quand on traite un ordre subalterne de *milieu contenu* dans les interstices d'un autre, on pourroit également le regarder comme *contenant* cet autre. Que l'eau d'un bassin, par exemple, soit toute remplie de boules: on peut concevoir également que les boules contiennent l'eau, ou que l'eau contient toutes les boules; & l'on voit qu'il est très-indifférent à la consistance de ces boules que cette eau soit continuellement remplacée par une autre, & avec quelle vitesse, & en quel sens; quoique ce soit de la pression des élémens de cette eau que dépende, pour l'extérieur, la consistance de ces mêmes boules. Le second ordre de cette eau est au premier, comme le premier aux boules; ainsi de tous les autres. Et en un mot, il en est ainsi de la matière magnétique, considérée comme un milieu du dixiéme ordre, ou de quelque autre.

Mais cela posé, plus de mystère dans le cours magnétique dont nous parlons. 1°. La matière magnétique est uniformément en tous lieux, sans rien exclure que les petits tourbillons de l'ordre de l'éther dont elle est: car son abondance ne consiste point à remplir absolument toute sa sphère, mais à remplir tous les interstices qui conviennent à son ordre, à faire un *milieu* particulier, indépendant de tout autre milieu, &c. 2°. Soit qu'elle se meuve, soit qu'elle soit immobile, elle remplit toujours également tous les interstices qu'elle habite ; de sorte qu'il est indifférent aux ordres supérieurs qu'elle fasse l'un ou l'autre. 3°. Si elle n'étoit de l'ordre des élémens d'aucun corps sensible, elle n'ébranleroit pas même l'aimant, pour circuler d'un pole à l'autre. 4°. Enfin la vitesse de la circulation de cette atmosphère, hors le noyau, dépend de la vitesse dont elle coule par dedans : car, plus elle va vîte en dedans, plus la nécessité du remplacement, à cause du plein, fait entrer aussi promptement la matière du dehors ; ce qui peut donner à sa circulation, c'est-à-dire, au cours magnétique, tel dégré de rapidité qu'on pourra souhaiter.

Mais déterminons-nous raisonnablement la cause du cours intérieur, en l'attribuant à l'élancement que les parties atmosphériques, à cause de leur solidité, tirent de la rotation journalière ; ce qui les fait suivre avec rapidité, parallélement à l'axe, le fil des pores, & tirer ainsi du dehors leurs semblables à leur suite ?

Peut-être aura-t-on du scrupule sur cet effet prétendu du mouvement journalier; & peut-être n'est-ce pas de cette manière que cette rotation entretient le cours dont nous parlons. Mais que ce cours dépende absolument de la révolution diurne, c'est ce qui paroît indubitable; car un cours qui a une direction si singulière & si rapide, sans néanmoins ni s'épuiser, ni se ralentir à la longue, doit avoir une cause bien constante, une cause incessamment renaissante, & toujours égale à elle-même : qualités qui ne dérivent visiblement que d'une force centrifuge; si ce n'est de la façon qu'on a dite, c'est peut-être de celle qu'on va dire.

Le tourbillon où nous sommes est aujourd'hui dans la situation où il se seroit trouvé, s'il avoit été formé successivement selon les règles du tourbillon : or selon cette formation, il auroit d'abord été entièrement fluide; & l'endroit où est à-présent le noyau, auroit circulé avec les vitesses que demandent les loix de Keppler. Quand les premiers élémens de ce corps dur

DU MAGNÉTISME

Origine du Cours Magnétique.

auroient commencé à s'assembler, la circulation auroit persisté entre les parties solides, comme un vent impétueux à travers plusieurs claies. Enfin, le globe central terrestre se resserrant de plus en plus, elle se seroit conservé un chemin par où elle auroit pû; &, selon ce que fait voir l'expérience, ç'auroit été d'un pole à l'autre.

Les loix des méchaniques disent la même chose. Car c'eût été particulièrement vers les poles & tout au long aux environs de l'axe, que le mouvement du solide eût été plus languissant, & celui du fluide plus fort. Ainsi ç'eût été par ces endroits que la matière eût plus travaillé, & mieux réussi conséquemment, à se faire un passage. Donc ç'eût été par le voisinage du pole le premier prêt, que la matière eût échapé d'abord. Tout l'intérieur du solide eût senti incontinent ce débouché; & tout ce qu'il eût contenu de fluide eût eû une tendance vers ce même pole. Ce flux intérieur eût attiré la matière de dehors, à cause du plein. La circulation eût commencé d'un pole à l'autre. De sorte que le fluide dont on parle, ayant changé sa direction & conservé son mouvement, eût eû dans ce nouveau cours la même vitesse qu'il auroit eue autour de l'axe.

Du magnétisme.

Il faut remarquer que ce nouveau cours n'est pas exactement d'un pole à l'autre : la déclinaison de l'aimant le fait bien voir. Donc ce cours fait un angle aigu avec l'équateur de la terre ; ce qui donne un éclaircissement sur le cours magnétique, auquel il semble que les Philosophes n'aient pas fait d'attention jusqu'ici.

Obliquité de ce Cours à l'Axe de la Terre.

Car on peut voir par-là que le mouvement journalier est tout aussi bien le principe de la circulation de cette matière d'un pole à l'autre, qu'il seroit le principe du mouvement qu'elle auroit dans des parallèles.

Le tournoiement de la Terre anime aussibien ce Cours oblique, que s'il étoit parallèle à l'Equateur.

Les angles que font les orbites des planètes avec le plan de l'équateur solaire, n'empêchent pas qu'elles n'aient le même principe de circulation qu'il a lui-même. Y en eût-il même qui eussent des orbites plus considérablement inclinées, ce seroit encore la même chose. Toute inclination est légitime, jusqu'à l'angle droit : on eû a des exemples dans les comètes. Le cours magnétique par conséquent est aussi naturel que celui de la lune : & celui-ci seroit encore tout aussi naturel, quand il excéderoit le zodiaque de plusieurs dégrés de part & d'autre.

Le mouvement des planètes sur leurs axes est entretenu par leur mouvement autour du soleil ; & la direction de celui-ci est certainement paralléle aux plans de leurs orbites : cependant les directions de leurs mouvemens sur leurs axes, & celles de leurs circulations autour du soleil, font toutes différens angles entr'elles. On voit que l'équateur de vénus est incliné à son orbite, de 75 dégrés ; c'est-à-dire, qu'une impression d'occident en orient fait tourner cette planète presque du nord au sud. C'est justement le fait dont il s'agit.

Mais si le cours de la matière magnétique doit aussi bien être entretenu par le mouvement journalier que s'il étoit selon les paralléles ; voilà désormais ce cours naturalisé, si je puis m'exprimer de la sorte. Il n'a plus rien de forcé, rien de gêné. Son origine est simple. C'est une matière qui avoit ci-devant le mouvement qu'elle a aujourd'hui, toujours de la même cause; mais qui a changé sa direction, parce que son chemin par hasard s'étant trouvé embarrassé, elle a eu la force de se libérer plûtôt en ce sens qu'en tout autre.

On peut penser, selon ce que nous avons dit de la formation des métaux, que ç'a été la partie même du tourbillon terrestre, qui étoit où est le noyau, qui s'est durcie par le mélange des globes pesans qui tomboient du ciel de toutes parts; & que ce sont les ordres subalternes des interstices de ce fluide primitif, qui circulent aujourd'hui d'un pole à l'autre. Rien de plus propre en effet que ces petits ordres pour faire & conserver des chemins, pour former des pores au nouveau solide, & pour mettre une suite dans ces pores : car on voit que leurs ressorts avoient beau jeu, à mesure que s'affoiblissoit celui de l'ordre d'au dessus d'eux.

Quoiqu'il en soit, ce cours de matière d'un pole à l'autre, ainsi déterminé, se mêle dans l'atmosphère du noyau, l'emporte dans sa circulation, d'abord par la grande foule; puis s'étant combinés peu-à-peu, ils sont ensemble un seul fluide.

Il se peut que la matière magnétique s'échape du noyau par tout l'espace d'entre un des tropiques & le pole; il se peut même aussi qu'elle sorte par un hémisphère tout entier, & rentre par un pareil espace. Mais en tout cas, aux environs de la surface terrestre & au dessus, le courant est toujours d'un pole à l'autre; ce qui est bien clair, puisque ce courant enveloppe tous ceux d'au dessous.

Simplicité de cette hypothèse. Quelque soit même le fil des pores du noyau de la terre, qu'il soit selon l'axe ou autrement; il en résultera toujours le même cours dans l'atmosphère extérieure d'un pole à l'autre, à cause de la nécessité où elle sera toujours de demeurer unie à la masse, & d'aller se remplacer elle-même dans les pores qu'elle aura quittés. Desorte que je n'ai plus besoin de la disposition particulière que j'ai jusqu'ici supposée aux pores du noyau, & que l'hypothèse que je propose est d'une parfaite simplicité.

C'est donc le cours de l'atmosphère du noyau terrestre qui, pénétrant le fil de l'aimant & du fer, détermine les petites atmosphères qui environnent ces corps à prendre un pareil cours autour d'eux; ce qui leur donne une attraction, une répulsion, une direction, des poles, &c. Ce que nous concevons de la sorte.

DU MAGNÉTISME.

Dans un air libre, où il n'y a ni pierre d'aimant ni fer, la matière magnétique occupe seulement les interstices des petits tourbillons qui lui conviennent, & qui sont comme son *lit*. Mais dans l'intérieur & aux environs de l'aimant & du fer, il faut, à cause de son abondance, qu'elle occupe quelque chose de plus, & qu'elle écarte par conséquent quelque ordre de l'éther. Ce qui contribue aussi à la contenir, & lui détermine des limites tout à la ronde. Ainsi une goute d'eau écarte l'air, dont la réaction lui donne la figure ronde.

Lors donc que le cours général de l'atmosphère du noyau, accompagné de l'atmosphère intérieure d'un aimant, se présente en sortant à l'air libre; toute cette foule ne peut continuer son chemin en ligne droite. Le lit magnétique n'en peut recevoir

Cause du Tourbillon qui entoure un Aimant.

DU MAG-NETISME. que la quantité ordinaire; & l'éther écarté, comme on vient de le dire, est positivement en garde pour arrêter le reste. Ce reste ne peut donc que refluer à l'entour de l'aimant, rentrer par l'autre pole, &c.

Attraction Magnétique. Les poles de divers noms doivent s'attirer; parce qu'alors, par la conformité des directions des courans, ce qui sort de l'un aimant entre dans l'autre. Ce qui favorise la compression du milieu extérieur, que ces atmosphères tiennent écarté, & qui par sa réaction fait concourir les deux aimants.

Répulsion. Les poles de même nom se repoussent, parce qu'à cause de l'opposition des directions des courans, les deux atmosphères ne se mêlent point; mais s'étant applaties l'une contre l'autre, elles se rétablissent brusquement, & cette réaction, plus forte que la compression du milieu extérieur, écarte les deux aimants.

Pourquoi l'Aimant n'attire & ne repousse que l'Aimant. Si l'on veut supposer, seulement pour fixer l'imagination, que l'atmosphère du noyau terrestre remplisse les interstices du neuvième ordre de l'éther, & que l'atmosphère d'un aimant, à raison de surabondance, écarte ce neuviéme ordre & le remplace ; il s'ensuivra toujours que cette atmosphère sera contenue dans les interstices du huitiéme ordre ; qu'elle ne se mêlera point par conséquent avec des atmosphères du huitiéme ou du septiéme ordre ; qu'elle ne s'applatira pas non plus contre elles ; mais qu'elle les traversera toutes *incognitò*, comme elle seroit elle-même traversée par une atmosphère du 12e. ou du 13e. ordre. D'où il suit que le fer & l'aimant ne peuvent attirer que l'aimant & le fer, & qu'ils ne doivent pas non plus repousser les corps qu'ils n'attirent point.

Indépendamment de la circulation de l'atmosphère du noyau de la terre, l'aimant & le fer ont leurs atmosphères, comme métaux ; mais des atmosphères immobiles, des atmosphères aux moyens desquelles ils seroient électriques seulement à moitié. C'est-à-dire, ils s'attireroient ; mais ils ne se repousseroient pas : bien moins encore auroient-ils des poles.

Mais cette circulation autour du noyau, change la demi-électricité de l'aimant & du fer en magnétisme :

au lieu que tous les autres métaux, minéraux & corps électriques, faute d'une pareille relation au noyau de la terre, ont leurs atmosphères indéterminées, sans circulation ni aucun cours, par conséquent sans magnétisme.

La même Atmosphère composée de plusieurs Atmosphères.

On voit enfin, par ce qu'on a dit de la perméation d'un milieu par un autre, qu'il est très-possible que le même solide ait des atmosphères de plusieurs ordres. Un corps qui aura, par exemple, une atmosphère du dixiéme ordre, peut très-bien en avoir une autre du 7e., du 6e., du 3e., du 15e., &c. : & chacune de ces atmosphères sera indépendante des autres, tant pour le mouvement que pour la subsistance. Ainsi, quand nous disons que le fer & l'aimant ont des atmosphères magnétiques qui se meuvent d'une certaine manière à l'entour d'eux, nous ne disons pas que ce soit-là tout. Nous sommes même très-persuadés qu'ils ont des atmosphères immobiles, qui ne se sentent point du tracas de celles-ci. C'est pour cela qu'à l'entour d'un fer électrisé on ne voit aucun mouvement de tourbillon : d'où quelques-uns concluent que ce mouvement est une *idée en l'air* ; mais il s'ensuit seulement que l'atmosphère, qui travaille dans l'électricité, n'est pas celle qui sert au magnétisme. C'est-à-dire, que de dix ou douze milieux qui peuvent composer l'atmosphère totale d'un aimant ou d'un fer, un seul est homogène à l'atmosphère du noyau de la terre ; & que dans toutes les atmosphères des autres solides, nul milieu n'est de ce même ordre.

Dans toutes les planètes sans difficulté, il y a pareillement des noyaux préalables à la croûte, & qui jouent des jeux analogues à ceux dont on vient de parler. Mais ce n'est apparemment pas avec le fer que sympathisent ces noyaux. Il y a trop de variété dans la Nature. Ainsi le magnétisme de ces pays-là paroît dans d'autres métaux. Mais il n'y a apparemment aucune planète sans magnétisme, puisqu'il est à croire que chaque noyau tient particulièrement de quelque métal. Et si les Alchymistes étoient à recommencer pour donner le nom d'une planète à chaque métal, le fer ne porteroit plus le nom de *mars*, puisque c'est proprement le métal de la terre : ou bien, la terre s'appelleroit mars. Mars deviendroit peut-être saturne ; ainsi du reste. Ce qui causeroit une sorte de révolution, dont il n'y a pas encore d'exemple.

Il reste à dire comment se conserve, hors le cas de violence, la circulation une fois commencée autour de l'aimant & du fer, quelque changement de situation qu'il leur arrive, ou dans quelque position qu'ils se trouvent par rapport au cours général. Dès que la circulation autour d'un aimant ou d'un fer est une fois commencée, le cours général magnétique d'un pole à l'autre la favorise, en quelque sens qu'elle se fasse. C'est qu'en quelque sens que se fasse cette circulation de l'aimant & du fer, la matière circulante a toujours nécessairement deux cours contraires, l'intérieur & l'extérieur. De sorte que le cours général trouvant toujours à s'accommoder avec celui des deux qui est selon lui, n'a pas lieu de gêner l'autre. Si, par exemple, le cours extérieur

térieur est selon le cours général, celui-ci le renforce aussitôt ; & l'intérieur, en conséquence, se trouve renforcé. Si c'est l'intérieur qui est selon lui, le cours général magnétique enfile lui-même la masse ; & le cours extérieur, par conséquent, se trouve renforcé. Enfin si le fer ou l'aimant étoit tellement situé que le cours de son atmosphère fît avec le cours général un angle droit ; alors ce dernier s'ajusteroit avec ce qui seroit commencé, comme n'ayant pas plus d'intérêt à aller vers un bout que vers l'autre. C'est que le cours atmosphérique d'un aimant ou d'un fer, une fois bien commencé, est plus abondant & plus fort qu'un pareil volume du cours général qui le peut rencontrer ; de sorte que l'incapacité d'attaquer où se trouve celui-ci, jointe à la facilité de s'accommoder dont on vient de parler, met ces atmosphères particulières en toute sureté.

Ceci s'entend d'un Aimant immobile.

Quant à la communication de la vertu magnétique ; comme l'atmosphère du noyau de la terre donne le branle à celle de l'aimant, ainsi celle

Communication du Magnétisme.

de l'aimant déterminée donne-t-elle le branle à celle du fer. L'aimant acquiert du premier coup la vertu magnétique, & la retient parfaitement. Le fer l'acquiert avec lenteur, & imparfaitement. Si l'atmosphère d'un bon aimant rebrousse la sienne, il perd sa vertu. C'est que son atmosphère demeure indécise avec deux impressions contraires. Et si l'on répéte le rebroussement, il s'aimante à contre-sens, & change de poles. C'est ce qui a fait dire que l'aimant avoit le magnétisme en propre, & que le fer l'avoit de l'aimant. Mais, selon notre sistême, ni l'un ni l'autre ne l'a. Le magnétisme est propre du noyau de la terre : il n'y a que lui d'aimant proprement dit, dans le sens qu'on l'entend.

Objection de Mr. de Molières. Mr. de Molières, dans son Mémoire sur le Magnétisme, prétend que l'atmosphère de l'aimant ne circule pas autour de cette pierre ; parce qu'on ne voit pas, dit-il, que la limaille de fer y circule, quoiqu'elle y prenne un arrangement qui prouve l'existence d'une atmosphère. Mais si

Réponse. cette limaille ne circule pas, c'est que

ses particules étant trop grossières pour pénétrer l'aimant, elles s'arrêtent auprès du pole. Les premières font arrêter les suivantes, dont les unes ne peuvent même s'avancer jusqu'à toucher les autres, à cause que les petites atmosphères qui les environnent les obligent à laisser des intervalles entr'elles; ce qui les tient toutes comme en respect. Mais cet arrangement même qu'elles prennent prouve que l'atmosphère de l'aimant, qui tout d'un coup leur donne une disposition & une direction affectée, a elle-même une circulation & un mouvement magnétique.

Ce n'étoit pas au reste à Mr. de Molières à faire cette objection, lui qui fait tenir ses petits aimants, avec des intervalles entr'eux, sans circuler autour de l'aimant principal; tandis qu'il les fait enfiler par une matière subtile à laquelle il est obligé de recourir pour leur donner des poles, & qui n'explique la vertu directrice de ces petits aimants qu'en montrant l'inutilité de leur invention, puisqu'il pouvoit adapter le cours de cette matière très-fine immédiatement à l'aimant principal, selon son propre sistême.

D'autres ont imaginé des poils dans l'intérieur des pores de l'aimant & du fer, pour pouvoir expliquer entr'autres choses comment un fer aimanté selon un sens, perdoit son magnétisme selon ce sens pour le prendre en un autre, & changeoit de poles en un moment, par exemple, s'il étoit frappé d'une certaine manière. Cette secousse, selon ces Messieurs, fait rebrousser les poils des pores du fer, & par-là le cours magnétique devient contraire à ce qu'il étoit d'abord. Molières non satisfait de ce rebroussement, dit que ce sont ses petits aimants qui font exactement un demi-tour sur leurs centres de gravité : il trouve cette virevolte moins arbitraire que le poil & le contrepoil dont on se servoit ci-devant.

Pour moi je ne vois rien de naturel dans toutes ces explications : ce n'est-là, ce me semble, qu'entasser des suppositions. La Physique méchanique doit être plus simple ; & il y a bien de l'apparence que ce changement de poles arrive en cette manière.

Le fer que l'on suppose frappé a une atmosphère qui lui est propre, & qui, avant la percussion, jouoit avec la matière magnétique à la manière de celles des pierres d'aimant. Le coup que reçoit le fer rompt l'harmonie de cette circulation, comme on rompt celle des parties insensibles d'un corps sonant, en y portant la main.

DU MAG- NETISME

Comment un Fer aimanté change de poles.

Mais il faut remarquer que les voies que la matière magnétique a dans le fer, ne sont ni si bien formées, ni si imperturbables que celles qu'elle a dans l'aimant même. Ainsi on peut bien d'un coup brusque troubler la symmétrie mal commencée des pores du fer, quoiqu'il ne soit pas également facile d'altérer le magnétisme de l'aimant même. Je dis au reste, qu'on peut troubler cette symmétrie du fer, au pole qui reçoit la matière : car il est bien plus difficile de la troubler à l'autre, parce que la matière intérieure qui tient les pores pleins, tient toujours par-là même la sortie toute ouverte.

Le premier effet de ce désordre qui arrive dans les pores du fer, est donc d'en interdire subitement l'entrée à la matière atmosphérique qui avoit coutume de les enfiler. Mais le reste de la circulation ne cessant pas pour cela tout d'abord, toute l'atmosphère extérieure tend toujours vers le même endroit. Desorte qu'il se fait une condensation aux environs de l'ancienne entrée, & une dilatation vers l'autre bout. À l'égard de la matière magnétique qui est alors contenue dans l'intérieur du fer, ou elle continue d'avancer vers l'endroit dilaté, ou elle demeure indéterminée : & dans l'un & l'autre cas, elle tient en état les pores du fer. Mais tout cela ne dure qu'un instant : car dès que la condensation est arrivée à un certain point, sa résistance devient plus forte que le courage de la circulation, si je puis parler de la sorte ; & aussitôt il y a une réaction & un reflux vers l'endroit dilaté. Or il est facile à la matière de rentrer dans des pores tous prêts, qui n'ont pas, selon nous, une figure affectée qui les rende plus ou moins faciles en un sens qu'en un autre. Elle y rentre donc : & le cours général magnétique d'un pole à l'autre, qui est l'ame des cours particuliers, est aussitôt déterminé à favoriser ce même reflux, comme on l'a remarqué plus haut; & voilà le changement de pole tout décidé.

Sans cette facilité de rentrer qui reste à la matière magnétique vers le bout dilaté, celle du bout condensé feroit tant qu'elle se rouvriroit l'ancienne entrée. Mais on ne lui en donne pas le tems: car il est plus facile sans comparaison de rentrer dans des pores tous prêts, que de se faire un nouveau chemin un peu difficile par le dehors, & qui se fait sans peine par le dedans à cause de la suite des pores.

On voit donc comment un fer aimanté qui change de poles, est aidé dans ce changement par le cours général, quand une fois ce changement est commencé; & comment tout fer & tout aimant conserve sa vertu magnétique une fois acquise, dans quelque situation qu'il se trouve par rapport à ce cours. On voit aussi que nous n'avons besoin ni de vis, ni d'écroues, ni de pores contournés, ni de poils, ni de petits aimants; & que nous ne supposons qu'une chose, qu'avoue facilement tout le monde,

DU MAGNÉTISME

qui est que l'atmosphère de ces corps a un rapport d'homogénéité avec celle du noyau de la terre.

Déclinaison de l'Aimant

Enfin la déclinaison de l'aimant & toutes les variations de cette déclinaison ont pour première & principale cause le peu d'exactitude, de précision & de constance des choses physiques, en comparaison de la justesse & de la sévérité mathématique. Il en est d'elles comme des choses morales, comparées à l'autorité d'une rigoureuse métaphysique. La matière magnétique ni ne vient du pole, ni ne se meut dans les mêmes plans.

On peut donner aussi pour causes de cet effet, celles qui se trouvent, depuis Descartes, dans tous les Ouvrages de Physique.

V.

Du Feu.

DU FEU. Génération du Feu.

Quand tous les ordres de petits tourbillons qui composent l'éther, sont dans un parfait équilibre, la matière éthérée est insensible, ou

DES PETITS TOURBILLONS. 153

ne fait aucune impression sur nos sens. Mais si une certaine multitude de petits tourbillons tous voisins est décomposée, ensorte que ces petits tourbillons soient rompus, en un mot, que leur matière ne soit plus en tourbillons ; aussitôt cet endroit de l'éther n'ayant plus l'élasticité nécessaire pour soutenir l'effort des tourbillons voisins, toute la sphère environnante retombe sur lui, & il ne peut la repousser que par les secousses irrégulières que les parties solides qui ont rompu l'espace, & qui y pirouettent avec roideur, donnent de tous côtés. Ces secousses mettent en vibrations les parties de l'éther, & font paroître l'espace rompu *lumineux* & tout *blanc*, comme nous voyons la *flamme*.

Mais cette rupture finit d'abord, si elle n'est entretenue, parce que la matière éthérée tend toujours à se remettre en tourbillons, & s'y remet en un instant,* si la cause qui l'a ainsi rompue ne continue de la troubler.

Il faut remarquer que quand même il n'y auroit qu'un seul ordre rompu, la flamme paroîtroit toujours blanche, parce que la cause qui entretient la

DU FEU.

Il faut nourrir le Feu.

* On a expliqué dans le Discours Préliminaire le rétablis-

G v

rupture frappe tous les ordres, quoiqu'elle ne les rompe pas tous. Cette cause sera, comme on a dit, des parcelles de matière solide, qui pirouettant avec force & avec rapidité dans l'espace enflammé, comme pourroient faire de petites parties détachées avec violence d'un fer ou d'un acier, brouilleront cet espace de plus en plus, & donneront de rudes secousses à tout ce qui osera en approcher.

La première idée *des petits tourbillons* est du Père Malebranche. Il a aussi expliqué la génération du feu par des tourbillons rompus. Mais cet Auteur n'avoit imaginé que des tourbillons simples ; & il en tire des explications toutes différentes de celles qu'on donne ici.

Il peut donc y avoir autant d'ordres de feu qu'il y a d'ordres de petits tourbillons ; & plus il y a de ceux-ci de rompus, plus de ce chef le feu est fort.

Il y a des cas où la matière rompue, quoiqu'elle frappe tous les ordres, paroît faire plus d'impression sur un certain ordre que les autres :

certaines flammes colorées en font une preuve certaine. C'est qu'alors il y a plus de rapport, soit entre le volume des parties dissoutes & les petits tourbillons de cet ordre-là, soit entre la promptitude de leurs coups & celle des vibrations de ce même ordre ; & alors la couleur de cet ordre domine dans la flamme.

La couleur de la flamme n'est donc pas suffisante pour décider au juste de quel ordre est un feu. Elle marque seulement que la matière dont la dissolution entretient le feu, joue mieux, soit par la petitesse soit par le mouvement de ses parties, avec le véhicule de la couleur qu'on voit. Et cela même pourroit provenir de ce que l'ordre de cette couleur ne seroit pas rompu, & qu'il entraîneroit sur ses surfaces de petites parties dissoutes avec lesquelles ses petits tourbillons donneroient de plus fortes secousses à ceux de leur ordre, à la ronde.

Le feu agit sur les corps combustibles principalement par le moyen des petits tourbillons qui sont renfermés dans ceux-ci, & qui venant à s'agrandir rapidement de cette matière va-

Comment le Feu brûle & s'augmente.

gue qui n'est plus en tourbillons, soulèvent les parties des solides, les détachent brusquement les unes des autres; ce qui les fait pirouetter, avec roideur dans la matière rompue dont elles entretiennent la rupture, & dont elles rompent encore le voisinage, à mesure que ce qui se dissout fournit plus de ces mêmes parties. Ainsi plus le feu avance, plus il se renforce, & plus il se nourrit lui-même.

Raison de la force de la Poudre. Les effets de la poudre & du tonnerre sont à-présent intelligibles. On voit, dans la force centrifuge des petits tourbillons de l'éther, une cause capable de tels fracas. Ce sont ces petits tourbillons, en se dilatant, qui écartent & qui renversent tout, parce que leur force est d'autant plus grande qu'ils sont eux-mêmes plus petits.

Feu & fumée sans flamme. Si la dilatation qui se fait dans les corps, n'est ni assez grande, ni assez brusque, & ne lance pas les parties solides avec assez de roideur pour rompre de petits tourbillons, ou pour entretenir la rupture, mais seulement pour dégager ceux qui sont contenus dans les pores, (qui s'agrandissent aussi, dans ce cas, en dissolvant ces pores,

DES PETITS TOURBILLONS. 157

& pour les faire échaper en se char- *DU FEU.*
geant des parties grossières; alors il y
a *feu* & *fumée*, mais il n'y a pas de
flamme.

Dans ce cas les parties qui se dis- Pour-
solvent, & qui par leur agitation frap- quoi le
pent la matière éthérée environnante, Charbon
ne la frappent pas de la même maniè- vif est
re que dans le cas de la flamme. Car rouge.
n'étant ni si divisées, ni si rapides,
leur jeu ne peut si bien convenir avec
les petits ordres qu'avec les grands.
Ainsi les plus grands ordres de tourbillons, le véhicule du rouge, du jeaune,
&c. mais principalement celui du rouge, jouera davantage avec elles : &
delà la couleur du charbon vif. C'est-
à-dire, que quand le feu n'a pas toutes
les conditions requises pour mettre en
vibrations tous les ordres, il y met
toujours les plus grossiers. Ainsi, s'il ne
peut flamber, il est rouge.

L'atmosphère qui extérieurement Quelle
environne un corps combustible, & part l'At-
qui intérieurement en remplit tous mosphè-
les pores, laquelle contient des élé- re d'un
mens homogènes à ceux de ce corps, corps a à
dilatables, dissolubles, ainsi du reste; la fumée
cette atmosphère, dis-je, fournit beau- & à la
flamme.

coup à la fumée & à la flamme. Car dès que le feu approche de cette atmosphère, elle se dilate; au tems suivant, ses tourbillons se rompent. Au premier tems, elle est disposée à s'envoler en fumée; au second, elle se change en flamme.

D'où l'on voit pourquoi, quand une flamme est raisonnablement approchée de certaines matières combustibles, elle panche vers elles, comme volontairement, avant que d'y toucher: & pourquoi quelquefois l'atmosphère, comme trop précipitée à sortir par quelques pores à cause de la dilatation que la chaleur lui cause, produit, en sortant brusquement, ou des souffles à éteindre le feu, ou bien, des flammes en forme de vents.

Comment on fait le Charbon. On voit encore que si l'atmosphère, immédiatement à la sortie d'un corps, ne se résolvoit pas en flamme, comme il arriveroit si l'on embarrassoit trop sa communication avec l'air libre; 1°. elle sortiroit plus difficilement; 2°. elle iroit absolument en fumée; 3°. les parties principales du corps qu'elle abandonneroit garderoient leur situation, & ne se dissoudroient pas. C'est ainsi que les Charbonniers font le charbon, & que le bois est beaucoup plus long à réduire en charbons qu'en cendres.

DU FEU.

Enfin voilà pourquoi le charbon devient si léger; pourquoi il est plein de fentes, d'ouvertures sensibles; & pourquoi enfin il ne fume plus, ni ne produit guères de flamme, quand on le brûle.

On augmente le feu en soufflant dessus: ce qu'on peut concevoir en deux manières. 1°. Le mouvement translatif de l'air pousse la matière rompue où il n'y en avoit pas, non-seulement à l'extérieur du corps embrasé, mais aussi dans l'intérieur des pores les plus couverts: ce qui donne occasion de s'agrandir à de petits tourbillons qui autrement ne le pouvoient faire, quelque disposés qu'ils y fussent, faute de matière vague auprès d'eux qui leur en donnât lieu.

Comment le souffle augmente le Feu.

2°. L'air lui-même contient des matières propres à se dissoudre dans le feu; & le souffle, en condensant l'air, rapproche ces matières en quantité, lesquelles s'embrasant tout d'abord, augmentent ou font naître la flamme.

Ce mouvement de l'air est si utile

au feu, qu'on voit quelquefois des feux considérables qui n'auroient été rien sans cela. Le feu qui prend à la suie d'une cheminée, tire toute son animosité du courant de vent qui y y passe: car dès que l'on supprime ce vent, en bouchant exactement un des bouts, on voit le feu s'affoiblir & même s'éteindre.

L'Air nécessaire au Feu. Indépendamment de ce mouvement & de ces particules nutritives qui sont dans l'air, l'air libre est nécessaire au feu. C'est l'air libre qui le débarrasse de la fumée, & de toutes les parties grossières qu'il lance hors de lui; soit en les faisant monter par sa pesanteur, soit en les distribuant à la ronde par la circulation de ses parties. Mais quand il est lui-même renfermé étroitement, comme sa dilatation augmente toujours à mesure qu'il reçoit quelque chose; ne pouvant être déchargé de rien par son voisinage, il s'avance nécessairement de plus en plus sur la matière rompue dont il s'agrandit, & enfin il la ramasse toute dans ses propres tourbillons. Voilà le feu éteint.

Le feu n'a pas d'action immédiate

sur l'air proprement dit, parce que les tourbillons de l'air ne balancent pas avec ceux qui se rompent pour faire le feu; mais par la médiation des tourbillons de l'éther qui se peuvent rompre, le feu peut aussi dissoudre l'air. Sans en venir là, il peut dissoudre beaucoup de particules qui sont dans l'air, comme on l'a dit, & qui sont propres à le nourrir.

DU FEU.

Mais si l'air a dans lui-même de quoi nourrir le feu, il a aussi quelquefois de quoi l'éteindre. C'est quand il est chargé de tourbillons à globules, comme ceux de l'eau, &c. plus propres à absorber la matière rompue & à s'en agrandir, qu'à s'y dissoudre : comme il arrive à l'air dans les souterreins.

Pourquoi le Feu se tient sous terre.

Cependant, quoique le feu s'entretienne beaucoup mieux hors la terre que dans les souterreins, le feu fait mieux à l'ombre qu'au grand soleil. Ce qu'on peut expliquer de la sorte : la dilatation que l'action du soleil excite dans l'air, se fait dans cette occasion en partie aux dépens de la matière rompue ; & dans ce cas, on peut dire que le soleil pompe cette matière le long de ses rayons. Ce qui rend le feu plus foible.

Pourquoi il s'affoiblit au Soleil.

DU FEU.

Pourquoi tout Feu ne brûle pas toute matière.

Dans la dilatation outrée, qui se fait subitement dans la machine du vuide, il arrive un pareil déchet à la flamme d'une chandelle, qui est bientôt obligée de s'éteindre.

Matières inflammables.

Tout feu ne rompt pas toute sorte d'ordres. Delà vient que beaucoup de matières sont incombustibles pour plusieurs feux : car une matière n'est combustible que quand on a rompu les tourbillons de l'ordre qui répond à ses principes. Mais quand tous les ordres sont rompus, si cela arrive quelquefois ; il n'y a plus rien d'incombustible, c'est-à-dire, qui ne soit dissoluble.

Toutes les différentes huiles sont inflammables, parce que les ordres de tourbillons qui ont coutume d'être rompus font équilibre avec les huiles dont les petits tourbillons s'agrandissent aux dépens de la matière vague, & se relâchant par ce moyen deviennent aussi faciles à rompre, ne pouvant retenir leurs matières solides qui tombent dans la flamme, & qui pirouettant avec elle entretiennent son désordre, & l'aident à s'étendre davantage. Ainsi le feu mis une fois dans l'huile, s'augmentera tant qu'elle DU FEU. pourra durer, & avec une extrême vitesse.

Les sels sont aussi inflammables dans leur état de liquidité, si les ordres dont ils sont se trouvent rompus. Mais cela n'arrive pas facilement, à cause de la petitesse de ces ordres qui ne sont pas toujours proportionnés à la grossièreté des parties qui font les ruptures ordinaires.

L'eau n'est pas inflammable pour l'ordinaire, parce que quand ses tourbillons s'agrandissent aux dépens de la matière rompue, comme il n'y a pas d'ordre au dessus d'elle qui la contienne, elle a la facilité de s'évaporer ; & elle est plûtôt élevée en l'air, qu'elle n'a eu le tems de se relâcher assez sur ses globules pour les laisser aller fournir de l'entretien à la rupture.

Voilà ce que fait l'eau auprès du Cóment feu. Si on plonge le feu dans l'eau l'Eau s'é-même, alors une quantité suffisante vapore. de tourbillons propres de l'eau s'étant subitement grossis de la matière rompue, s'évaporent avec elle ; & au lieu de fournir à son entretien, ils l'absorbent. Si l'huile, & les autres principes subalternes que contient l'eau, veulent s'agrandir; le peu de tems qu'ils ont à cause que l'eau les enléve trop promptement en l'air, & la difficulté qu'ils y trouvent, parce qu'ils sont emboîtés dans l'ordre de l'eau, font que leur agrandissement ne va pas jusqu'à les rompre : il ne va qu'à agrandir l'eau même, & à l'aider à s'enlever. Ainsi toute la matière rompue se trouve vîte empaquetée dans d'autres tourbillons, & logée dans les pores de l'eau.

Comment elle éteint le Feu. Tel est l'effet du feu ordinaire : mais il peut y avoir tel feu dont la violence ne donne le tems à aucune évaporation, & qui dissolve toute sorte de milieux.

Comment le Feu échauffe. Le feu échauffe, tant par les vibrations qu'il excite dans l'éther, que par l'agrandissement des tourbillons que contiennent les matières qu'on y expose, lesquels tracassent par leur agrandissement les parties solides de ces corps; ce qui ne produit qu'un chatouillement agréable quand il est modéré, mais qui cause le sentiment de brûlure quand il va jusqu'à dissoudre.

La chaleur sans lumière qui est dans les fumiers, &c. procède de l'agrandissement des tourbillons qui sont dans ces matières, lequel est provenu de quelque fermentation, & qui tracasse les parties grossières de ces sortes de mélanges, dont il s'évapore en même tems beaucoup de tourbillons qui emportent avec eux des sels, ou d'autres esprits que les Chymistes nomment *volatils*.

DU FEU.
Chaleur sans lumière.

Quand on verse de l'eau sur la chaux vive, les petits tourbillons des molécules de l'eau dépouillent ceux de leur ordre qui sont dans la chaux, & qui sont alors si embarrassés de particules de chaux qu'ils en sont presqu'incrustés. Les nouveaux dégagés montent en se dilatant; & voilà l'ébullition. Si étant ainsi dilatés, ils rencontrent quelque corps combustible, ils en peuvent si rudement séparer les parties en faisant dilater tout d'un coup les tourbillons qui y sont logés, que les éclats en seront capables de rompre quelques tourbillons, ou du moins de produire un feu sans flamme. Ainsi voit-on le feu prendre au sac d'un Voiturier qui

Feu de Chaux.

transporte de la chaux, & qui manque de couvrir sa charge, quand il vient de la pluie.

Lumière avec chaleur. Le soleil échauffe & éclaire par la même action. Les vibrations de la matière éthérée heurtent les parties solides qu'elles rencontrent, & dilatent d'ailleurs les tourbillons que renferment les corps grossiers : car les petits tourbillons agités par les vibrations de la lumière deviennent, par ce surcroît d'agitation, plus forts que leurs voisins, & s'agrandissent ainsi à leurs dépens. Mais il faut pour cela que la lumière soit en grande quantité. Il ne faut pas que les rayons soient rares : car alors ils n'ont plus de chaleur, comme on le voit par ceux de la lune.

Lumière sans chaleur. Les rayons de la lune ramassés par un verre ardent ne brûlent, ni n'échauffent; parce qu'étant trop rares ils ne peuvent, en s'unissant, causer la rupture des petits tourbillons, ni par conséquent donner lieu à l'agrandissement de ceux qui peuvent être contenus dans les matières qu'on leur expose.

Je pourrois allonger ce Mémoire,

& même ne le pas finir, si je voulois entrer dans la réfutation de ce qu'ont dit les Physiciens de la matière du feu. Après une si simple explication, j'aurois droit de leur dire quelque chose. Mais cette critique est étrangère au plan que je me suis fait. Si le Lecteur veut comparer ce que nous disons de part & d'autre, les Livres de ces Messieurs sont trop célèbres pour qu'on ait de la peine à les trouver.

VI.

De la Fermentation.

Lorsque l'on met ensemble deux ou plusieurs liqueurs qui se mêlent, si les petits tourbillons des unes ne sont pas en équilibre avec ceux des autres, on conçoit très-distinctement que, selon les loix des méchaniques :

1°. Ils feront d'abord un essai de leurs forces centrifuges les uns contre les autres ; qu'ils se combineront en toutes manières, & qu'ils se ronge-

DE LA FERMEN- TATION. ront mutuellement jusqu'à ce qu'ils arrivent à l'équilibre.

2°. Que ceux qui auront plus de force centrifuge enleveront aux autres les matières solides qu'ils entraînoient sur leurs surfaces; que ceux-ci ainsi dépouillés, & par conséquent déchargés & débarrassés, deviennent aussitôt plus légers, & s'élèvent, en se dilatant, vers le haut du mélange, tandis que les pillards enveloppés du butin qu'ils ont fait en deviennent aussi plus pesans, & s'embarrassent eux-mêmes à leur tour.

Ebullition. 3°. Que cette élévation des premiers se peut faire en telle quantité, qu'on apperçoive dans la liqueur une *ébullition* sensible : car ceux qui seront déja arrivés au haut peuvent être aussitôt culbutés par l'empressement de ceux qui suivent, & revenir encore après; & non seulement eux, mais beaucoup d'autres que leur foule aura sollicités. Ce qui représente au naturel ce que nous nommons *bouillonnement*.

Evaporation. 4°. L'air qui touche la surface de cette liqueur bouillante pourra, par la circulation de ses propres parties, enlever

enlever plusieurs de ces tourbillons légers & dilatés, qui d'ailleurs sont quelquefois lancés plus haut que la liqueur ; & dans ce cas, il y aura *évaporation*.

5°. Les petits tourbillons du liquide, qui remplit les interstices des tourbillons de chaque liqueur première, peuvent trouver des momens durant ce tumulte pour s'agrandir, s'élever comme les autres, & contribuer par ce moyen à l'ébullition, à l'évaporation, &c. Mais il ne faut point parler des liquides subalternes, qu'on n'ait considéré ce qui regarde les premiers.

6°. Lorsque le pillage sera fini, & qu'il n'y aura plus de tourbillons qui le puissent dépouiller; à cause de la sortie des évaporés, & de l'élévation de leurs semblables qui restent au haut de la liqueur, la quantité des dépouilles ou des matières solides se peut trouver trop grande par rapport aux vainqueurs : de sorte qu'ils en pourront être couverts, & incrustés d'un pole à l'autre. Leurs surfaces perdant peu à peu leur mouvement circulaire, ils s'arrêteront plusieurs ensemble; & ces divers assemblages étant comprimés par le milieu avec lequel ils faisoient équilibre, feront autant de molécules solides qui tomberont au fond du vase. Ces molécules auront différentes formes. Elles pourront ressembler à une espèce de grêle, à de petits crystaux, &c. Voilà la *précipitation*, la *crystallisation*, &c.

Si les surfaces des tourbillons chargés ne perdent pas tout-à-fait leur circulation, ils ne durciront point en divers tas ; mais ils composeront une liqueur épaisse : & à mesure que diminuera la circulation des surfaces, l'épaisseur augmentera par dégrés. Peut-être la circulation diminuera-t-elle à un point que la *coagulation* sera parfaite.

7°. Si les petits globes solides qu'entraînent sur leurs surfaces les tourbillons d'une liqueur, sont eux-mêmes de petits tourbillons ci-devant incrustés, dont les enveloppes soient bien durcies ; & s'il survient encore une autre liqueur, dont les petits tourbillons entraînent des parties solides assez fortes pour ronger & percer ces boules creuses; à la première ouverture suffisante, la matière du petit tourbillon renfermé s'échappe, tandis que le voisinage enfonce la croûte, & la met en morceaux. Et cela arrivant en même tems à une multitude innombrable de petits tourbillons voisins, les débris de leurs enveloppes confusément mêlés avec leurs autres matières en entretiennent le désordre; & voilà une flamme occasionnée par le mélange de deux liqueurs, qui pouvoient être toutes deux très-froides.

DE LA FERMENTATION.

8°. Si au lieu de concevoir que les surfaces se percent, on conçoit qu'elles aient de petits pores moindres que les petits tourbillons qui composent le renfermé, & si des tourbillons d'un ordre plus petit se viennent présenter à ces pores; alors le renfermé s'agrandira de ceux-ci, en rompant sa prison, & en faisant sauter les éclats de sa croûte, comme une petite mine. De sorte que si l'on s'imagine que cela arrive en un moment à une infinité de ces tourbillons voisins les uns des autres, on concevra que tant d'éclats rompront les

Seconde manière.

Hij

tourbillons de tout l'espace, & qu'on y verra un grand feu.

9°. Les petits tourbillons de deux ou de plusieurs liqueurs qui s'attaquent mutuellement dans un mélange, peuvent tous entraîner sur leurs surfaces de telles matières solides, avant l'attaque, que ces matières se trouveront broyées, & que leurs parties pirouettant avec roideur durant le conflit, rompront enfin plusieurs tourbillons dont elles entretiendront la rupture par leur quantité; & l'on verra le feu, en un moment, dans toute la composition.

10°. Si ces feux ne s'allumoient qu'en petites quantités par-ci par-là dans la liqueur, on ne les verroit point. Mais on verroit un frémissement & un bouillonnement dans la liqueur. Alors il pourroit arriver que ces divers amas de matière rompue, ou ces feux, se missent en autant de tourbillons plus grands que ceux du mélange, qui s'élevassent par leur légèreté en formes de bulles. Et s'il y avoit dans ce même mélange quelque matière très-dissoute, leurs surfaces en seroient couvertes comme d'une poussière très-fine, & elles composeroient une écume colorée qui se tiendroit en l'air par dessus la liqueur.

Ces bulles se peuvent aussi former par l'association de plusieurs molécules, qui étoient comprimées dans les interstices des tourbillons de la liqueur, & qui trouvent l'occasion de s'agrandir pendant le désordre qui y arrive.

11°. On peut mêler ensemble telles liqueurs que les unes s'enflammant, les autres ne le fassent pas, soit faute de convenance, soit faute de tems. Il se peut aussi que les premières jettent simplement un éclat de flamme qui s'éteigne d'abord, & qui ne se nourrissant point, ne consume pas toutes leurs matières solides. Mais pendant ce tems, celles qui ne s'enflamment point, se dilatent aux dépens de cette matière vague, & s'étendent dans l'espace où est la flamme, entraînant sur les surfaces de leurs petits tourbillons toutes les matières grossières qui étoient dans le mélange. A la fin ces surfaces sont tellement couvertes, que s'entretou-

Mélange qui, s'élevant hors du vase, se change en un corps rare qui se tient en l'air.

chant toutes comme des boules creuses, elles perdent leur mouvement circulaire, & occupent en l'air, comme une masse solide, tout l'espace où étoit la flamme.

Si le même lieu, ayant été rempli par des tourbillons très-petits, vient à l'être par de bien plus grands; la même quantité de matières solides, qui n'étoit pas d'abord suffisante pour couvrir totalement les surfaces des premiers, peut très-bien suffire à incruster toutes celles des autres : parce que, dans ce cas, la quantité des superficies mêmes diminue, & il y a moins à couvrir. Ce qui fait voir qu'un fluide peut s'épaissir sans l'introduction d'aucune nouvelle matière, & seulement par le changement de ses petits tourbillons en plus grands. Et de même une masse coagulée pourroit redevenir fluide, par le seul changement de ses petits tourbillons en d'autres bien plus petits.

12°. Lorsque les petits tourbillons d'une composition qui fermente eclatent, de quelque manière que ce puisse être, ils soulévent leur voisinage. Ce qui donne lieu à une matière plus fine de s'introduire vers le centre de l'éclat; & par-là le voisinage une fois soulevé, peut ne pas s'affaiser davantage. Ainsi se font les gonflemens qu'on voit aux matières qui fermentent.

DE LA FERMENTATION.

13°. Avec la forme que nous avons donnée, après Monsieur de Molières, aux acides & aux alkalis, nous sommes en état de parler le langage des Chymistes, qui veulent qu'une fermentation soit un combat d'acides & d'alkalis. Mais nous rendons ce combat intelligible, en disant que c'est un exercice de forces centrifuges occasionné par un défaut d'équilibre entre ces mêmes forces : (car c'est le défaut d'équilibre qui fait tout le tapage de la fermentation, & c'est son rétablissement qui la fait finir.) Nous montrons comment les acides s'emparent des alkalis, en disant que de petits tourbillons emportent, par leur circulation, des globules qu'ils rencontrent; soit qu'ils les escamotent à d'autres tourbillons, soit qu'ils les trouvent écartés, & ne tenant à rien. Et nous montrons enfin comment ils se séparent, en disant distinctement &

Ce que font les Acides & les Alkalis dans la Fermentation.

avec netteté, ou que d'autres tourbillons plus vaillans dévalisent ces acides à leur tour; ou que les uns contre les autres, par le frottement, ils perdent & dissipent leurs globules; ou bien, que quelque inflammation les en débarrasse, en les dissolvant, &c.

14°. Enfin, qu'une ou plusieurs matières, en fermentant, prennent quelque nouvelle forme que ce puisse être; elles ne peuvent embarrasser le méchanisme des petits tourbillons. Si un mêlange se coagule; c'est que par la fuite de quelques tourbillons qui n'entraînoient pas de globules, ceux qui en entraînent se trouvent trop chargés, ce qui fait que leurs surfaces tendent au repos; ou bien, sans que rien s'en échappe, des globules contenus dans les capacités des tourbillons viennent, par quelque accident, à leurs surfaces, ce qui donne le même effet; ou bien, les tourbillons augmentent, & leur nombre diminue, comme on l'a dit plus haut; ou bien enfin, il survient d'ailleurs des globules qui s'y mêlent, comme si, par exemple, le mêlange étoit de nature à en prendre de l'air. En ce cas, l'air lui en pourroit fournir une quantité considérable : car l'air qui le toucheroit immédiatement lui ayant tout cédé, en emprunteroit aussitôt du voisinage, lui fourniroit encore une pareille dose; ainsi de suite.

On voit aussi par-là qu'à quelque dégré qu'une coagulation de liqueurs augmente sa dureté, sa pesanteur ou son volume, ce ne peut être une merveille pour l'hypothèse des petits tourbillons.

15°. Si un mêlange coagulé redevient liquide, & même s'éclaircit; c'est, ou que les globules qui couvroient les surfaces des petits tourbillons, s'enfoncent dans leurs capacités, ce qui rend la fluidité à la liqueur; ou que le frottement rapide de tant de surfaces raboteuses, fait naître quelque incendie, qui consume les matières grossières qui offusquoient le mêlange; ou bien, que les surfaces des petits tourbillons, à force de s'agacer, s'empêchent mutuellement de retenir leurs globules. Ce qui fait que ceux-ci se précipitent, & que la liqueur devient claire; ou bien, les tourbillons diminuent, & leur nombre augmente par quelque accident, comme on l'a dit plus haut.

DE LA FERMENTATION.

Fermentatiõ des Matières grossières.

16°. La fermentation des matières grossières, comme des compositions de pâtes, des corps qui se corrompent, des fumiers, &c. commence par la fermentation des liquides contenus dans leurs pores. Celle-ci sollicite premièrement les parties insensibles de ces matières, qui dans le moment en prennent le ton. Des parties insensibles la contagion passe aux parties grossières; & à mesure qu'elles sont toutes soulevées & tracassées par les petits tourbillons de la fermentation, il se dégage d'entr'elles d'autres tourbillons qui se joignent aux premiers. Ainsi la fermentation une fois commencée gagne toujours, & on voit bientôt des marques sensibles & extérieures dans toute la masse. Ce sont tantôt des gonflemens, des soulévemens brusques, des bruits, des éruptions d'exhalaisons, des crevasses, des feux, des fumées; tantôt des diminutions de volume, des évaporations, des odeurs, &c. Mais on a déja assez expliqué les causes de ces effets, pour qu'il soit désormais inutile de les expliquer davantage.

DE LA FERMENTATION.

On voit delà en général comment le sel conserve les matières corruptibles : c'est qu'il empêche la fermentation des liqueurs contenues dans leurs pores. La corruption commenceroit par la fermentation de ces liqueurs : la fermentation proviendroit du défaut d'équilibre entr'elles ; & le sel prévient ce défaut, à la manière que je vais dire.

Comment le Sel conserve les matières salées.

Quand le sel est devenu liquide, par la communication des liqueurs dont on parle, ces liqueurs s'en chargent différemment, à proportion de la vivacité des petits tourbillons qui les composent. Celle qui a ses tourbillons plus petits & plus vifs, s'en charge proportionnellement davantage, dans le même tems. Desorte que bientôt elles ont toutes leurs tourbillons d'égale grosseur, & leurs forces centrifuges égales ; ce qui maintient l'équilibre entr'elles, & ne laisse plus aucun tumulte à craindre.

Ces liqueurs, ainsi gonflées de sel, viennent à occuper plus d'espace, à s'extravaser hors des pores, & à en déchirer plusieurs qui s'affaisent après leur sortie. Delà l'abondance de la saumure, & la diminution de volume des matières salées.

DE LA FERMENTATION.

Ce phénomène tenoit naturellement à ceux de la fermentation. On voit que ce n'est qu'un cas fort simple du principe général que nous développons; & rien ne prouve plus sensiblement la légitimité de ce principe, que cet ordre où les différens cas se présentent ici, comme d'eux-mêmes.

Fécondité du Méchanisme des Tourbillons.

17°. Cependant quoiqu'il semble déja, comme on l'a dit, qu'il n'y ait rien dans toute cette matière de la fermentation qui échape au méchanisme des petits tourbillons, & qu'il paroisse devoir assez fournir de différentes combinaisons pour répondre à tous les effets; ce ne sont pas là encore toutes ses ressources. Pour les voir toutes, il faut considérer que chaque liqueur sensible en contient plusieurs autres; que dans les interstices des tourbillons qui font celle que l'on voit, il y en a une seconde qu'on ne voit pas; dans les interstices de celles-ci, une troisième, ainsi du reste; qu'une de ces liqueurs n'est capable d'aucun méchanisme dont toutes les autres ne soient capables, comme elle ; que non-seulement chaque liqueur subalterne peut jouer avec la correspondante d'une autre liqueur toute sorte de jeux, mais que dans la même liqueur le jeu d'un ordre peut influer sensiblement & causer mille variétés dans le jeu d'un autre ordre ; enfin qu'on a droit de raisonner de la même manière de tous ces divers ordres de liqueurs. Si l'on considère toutes ces choses, & si l'on veut mettre un certain tems à pousser les combinaisons d'un ou de plusieurs mélanges, en supposant diverses conditions aux diverses liqueurs qui se mêlent ; alors on pourra voir ce que peut fournir ce méchanisme des petits tourbillons. On verra naître en foule des explications, non-seulement des faits qui sont connus, mais de plusieurs expériences qu'on pourroit faire, & dont ceci peut donner les idées.

Cette méthode est plus lumineuse que celle de beaucoup de Physiciens qui, à la vue d'un phénomène, s'en forment une explication particulière qui contredit souvent dans la suite celles qu'ils veulent donner dans d'autres cas. La bonne voie est de méditer d'abord sur les différentes combinaisons des différentes sortes de tourbillons, d'en tirer toutes les conséquences qui s'en suivent naturellement, & d'en faire des articles : puis, à mesure que les faits se présentent, on n'a plus qu'à les rapporter aux articles qui leur peuvent répondre.

Cette méchanique des petits tourbillons, qui d'ailleurs répond mieux à la fécondité & à la variété de la Nature, réduiroit la chymie à des idées nettes. On le peut voir dans l'illustre Auteur à qui on a l'obligation d'une si simple méchanique. Je ne me parerai pas ici de son travail : je n'en ai ni le droit, ni l'envie.

VII.
Du Tonnerre.

SI l'on veut maintenant transporter cette méchanique de la fermentation du petit au grand, & s'imaginer que la liqueur qui est la principale & la base du mélange, outre qu'elle est composée comme toute autre de petits tourbillons insensibles, fût encore partagée par quelque cause en tourbillons grossiers; ou plûtôt si l'on veut supposer que ce liquide fondamental soit un grand tourbillon d'air qui couvre, par exemple, deux lieues de pays; que cet air ait ci-devant enlevé, du voisinage de la terre, des eaux, des huiles, des sels, &c.; & que toute son étendue contienne, comme autant de planètes, un grand nombre de tourbillons éloignés les uns des autres, qui n'aient au commencement qu'une toise de diamétre, & peut-être moins :

Pendant que ceux-ci travailleront à s'étendre dans l'air libre, quelques-uns d'eux s'agrandissant en absorberont d'autres qui leur serviront de cortége, & les aideront à se rendre maîtres de beaucoup de matière à la ronde. En un mot, on peut imaginer que ce tourbillon fondamental ressemble au tourbillon du soleil, où il y a des planètes, & où les planètes ont encore des satellites, ainsi du reste.

Chacun de ces tourbillons subalternes, qu'il en contienne de plus petits ou non, décidera, par sa circulation, de l'arrangement des diverses matières qu'il pourra contenir. Celles qui auront plus de pesanteur seront poussées vers la surface, & les plus légères seront ramassées au centre du tourbillon, où elles seront rudement comprimées par le mouvement même du tourbillon, & où elles formeront un globe qui demande de l'attention.

Il faut remarquer que le triage que le mouvement circulaire fera dans ce tourbillon, sera d'autant plus exact que toutes les matières homogènes sont d'elles-mêmes disposées à se suivre, & à se séparer des hétérogènes pour accompagner leurs semblables. Ainsi, par exemple, les matières grasses quitteront l'eau pure, pour se suivre, &c. Au reste ces matières s'approchent du centre par les interstices de l'air, comme on a dit qu'un moindre liquide en pouvoit traverser un autre; &. l'air, comme il est alors chargé, ayant plus de mouvement centrifuge, quitte lui-même le centre pour leur faire place.

Ce globe qui fera ainsi formé au centre du tourbillon, & qui fera sans doute composé de plusieurs matieres délicates, fermentera donc sans contredit. Je suppose que les petits tourbillons de cette fermentation soient dans le cas de quelques-uns des articles 7, 8, 9, dont on a parlé ci-dessus, ou bien plûtôt, tout prêts d'y être.

Orage formé, prêt à éclater.

Pendant ce tems, tous les autres globes semblables auront aussi mûri, comme lui, plus ou moins vîte. Le tourbillon fondamental, qui les entraîne tous, marche majestueusement: & ce seroit un spectacle charmant pour qui le verroit sans danger, par exemple, du haut d'une montagne plus élevée que l'orage même. Il verroit cette mer en courroux, dont les mouvemens variés, & pour ainsi dire les caprices, sont aussi magnifiques que terribles. Il verroit, ou plûtôt, on a vu ces tourbillons particuliers qui renfermoient autant de tonnerres, mais des tonnerres emprisonnés & bien emboîtés; on les a vus, dis-je, essayer leurs forces centrifuges les uns contre les autres, se balancer, s'absorber, s'agrandir, & varier à l'infini la surface de la nue. On a vu de ces globes centraux, déja sensibles par leurs couleurs, s'avancer les uns vers les autres, & se repousser sans se toucher : c'étoit par le moyen de l'élasticité des tourbillons où ils étoient, & qu'on ne voyoit pas. Enfin on les a vus, pour ainsi dire, jouer & folâtrer entr'eux en attendant le combat sérieux, & faire une espéce de répétition de l'orage qui alloit commencer.

Orage qui commence à éclater. Bientôt le globe central le premier prêt, ayant reçu quelque surcroît de matière par la voie qui le forma, & s'en étant agrandi, créve son enveloppe avec éclat, selon l'article 8, jette partout à la ronde l'éclair & l'épouvante, condense le reste du tourbillon, & par cette condensation en exprime une grosse pluie. Un autre le suit de près, & fait la même chose. Un troisiéme venant à avoir son enveloppe, par quelque accident particulier, moins forte d'une part, s'échappe par cet endroit foible, selon l'article 7, & fait voir sans aucun fracas une traînée de la plus belle flamme. Enfin quand quelqu'un de ces tourbillons qui contiennent des globes centraux, se trouve, soit par l'effort de sa force centrifuge & de la solidité de son globe, soit par sa première situation, trop prêt de la surface du tourbillon fondamental, ou même d'un subalterne où il nage; celui-ci le lance par la tangente: & malheur à ce qui se rencontre dans la ligne de sa direction! Il s'en lance ainsi un nombre infini dans chaque orage. Tel sera lancé vers le ciel, tel partira horizontalement, il s'en échappera en toute manière. Mais tout cela d'ordinaire ne nuit à rien, jusqu'à ce que quelqu'un par malheur ne soit dirigé vers la terre. Alors on le verra tomber; & c'est le seul cas dont les hommes ont coutume de s'appercevoir.

{.sidenote} *DU TONNERRE.*

{.sidenote} *Diverses directions de la Foudre*

{.sidenote} *Tônerre tombé.*

Mais quel effet produira-t-il? Si le globe central créve avant que d'arriver à terre, c'est-à-dire, avant que de toucher aucun objet sensible; il ne fera aucun mal. Il y aura un grand feu, un bruit épouventable, une ondée peut-être, mais point de funeste effet.

{.sidenote} *Quand le Tonnerre nuit, ou ne nuit pas.*

DU TONNERRE.

Si le globe ne créve, pas dès qu'il sera à terre, il ne fera encore rien pour ce moment. Et s'il est alors, par quelque accident, presque tout dépouillé de la matière de son tourbillon; ou si le diamétre de ce tourbillon n'étoit originairement que de deux ou trois pieds, plus ou moins; il voltigera au gré du moindre souffle, & il pourra jouer tous ces jeux qui sont connus de tout le monde.

Comment le Tonnerre agit sur les objets qu'il attaque.

Mais si ce globe vient à éclater auprès de quelque objet solide, il n'y a rien d'impossible pour lui. Un arbre, un édifice, tout lui devient égal. Il brise, il dissout tout. Et non pas toutefois lui : mais la matière rompue, qu'il vient répandre subitement autour de ces corps, étant en abondance, les petits tourbillons que ceux-ci contiennent, s'agrandissent d'elle, & écartent en s'agrandissant les parties du corps où ils sont. Ainsi, selon la nature du solide attaqué, il y aura ou combustion, ou fusion, ou renversement, ou fracture, &c.

Si ce globe éclate, par exemple, contre un gros mur; les petits tourbillons dilatés d'une certaine étendue de la pierre, & à une certaine profondeur, font éclater & disparoître cette même portion : ce qui fait croire que la foudre a enfoncé cet endroit, & que c'est un effet de ce fameux carreau qui a tant fait de bruit dans le monde.

Du Tonnerre. Du Carreau de la Foudre.

Ce sont même de pareils éclats de pierres ou de rochers lancés violemment en l'air, & retombés ensuite, qu'on a pu prendre autrefois pour ces pierres merveilleuses que les Sçavans de ces tems-là faisoient fabriquer dans les nues.

Le globe qui créve est encore capable, par la force de l'explosion même, de briser ou de renverser un solide qu'il attaque, comme s'il étoit lui-même un corps dur. Car tendant à se dilater durant l'explosion, plus promptement que l'air ne peut céder, il a l'action d'une charge de poudre renfermée dans le calibre d'un canon, dont la résistance égaleroit la résistance de l'air dont on vient de parler. Il est sûr que la poudre, en un tel calibre, pousseroit le boulet à quelque distance : le tonnerre peut donc, par impulsion, briser ou renverser un ob-

Explosion du Tonnerre.

jet qu'il touche immédiatement, comme s'il étoit lui-même un corps dur.

Impulsion du Tonnerre.

Il peut aussi quelquefois produire de tels effets, sans être lancé hors du tourbillon ou de la nuée qui le porte : c'est quand cette nuée est si basse qu'elle touche presque à terre. Car alors les objets élevés, les clochers, les arbres, les montagnes, peuvent être heurtés d'un globe central dont ils interrompent mal-à-propos la circulation, & auquel ils deviennent peut-être une occasion de crever dans l'endroit. Mais ils en paient quelquefois les frais. Car outre qu'il est capable de dissoudre plusieurs matières solides, & d'en causer le renversement par la voie que l'on vient de dire; il peut encore, dans ce cas, renverser plusieurs choses par son impulsion, à cause de la force translative qu'il tire de la circulation dans le grand tourbillon qui le porte.

Pourquoi le Tonnerre fait fondre une épée sans offenser le fourreau

Quant à ce qu'il fait fondre une épée sans toucher au fourreau, & autres choses semblables; c'est que la matière qu'il contient balance avec les petits tourbillons qui font la consistance de la lame, ou avec les élémens de la lame, & non pas avec les élémens qui font la substance du fourreau. C'est que le tonnerre même, tout tonnerre qu'il est, n'a d'action sur un objet que quand la matière foudroyante est d'ordre compétent, par rapport aux élémens de ce même objet. Mais ce ne sont plus-là des merveilles que pour ceux qui ignorent les petits tourbillons, ou qui refusent de les admettre.

DU TONNERRE.

Il faut dire un mot des traînées de matières combustibles, par lesquelles les Physiciens nous expliquent ordinairement *les étoiles qui filent*. Pourquoi le feu ne prend-il jamais qu'à une des extrémités de chaque traînée ? Pourquoi ne commence-t-il jamais par le milieu, pour s'étendre ensuite vers les deux bouts ? Il me semble encore que cette lumière vient de la rupture d'un globe central, dont la matière s'échappe, en s'embrasant, par l'endroit le plus foible. C'est un globe qui, au lieu d'éclater & de donner un coup sec, fait long-feu.

Etoiles tombantes.

On peut juger, par cet échantillon, des usages infinis de cette hypothèse pour l'explication des météores, dont on trouve un excellent détail dans l'Ouvrage de Mr. de Molières. Il n'y manque qu'une seule chose, que ce célébre Physicien auroit bien pu déduire de ses principes ; & que je vais ajoûter ici pour achever de démontrer que rien ne leur échappe : C'est la *cause primitive du vent*. Mais il faut se faire auparavant une notion distincte de la nature de l'air.

VIII.

De l'Air.

CEux qui n'admettent pas l'hypothèse des petits tourbillons, sont encore comme à commencer pour sçavoir quelle figure donner aux parties de l'air ; comment en expliquer l'élasticité, la dilatabilité, la condensation, &c. Mr. de Molières, dans ses Leçons de Physique, reléve parfaitement les défauts des sistêmes qui l'ont précédé, & fait voir d'une manière sensible que les moindres molécules

cules de l'air sont nécessairement de petits tourbillons. Il ajoûte que ces petits tourbillons ont des globes pesans à leurs centres, & c'est par ces globes qu'il explique la pesanteur de l'air.

Je conviens avec Mr. de Molières que l'air consiste en petits tourbillons: mais je ne vois pas la nécessité de mettre des globes pesans à leurs centres. 1°. Parce qu'aucune expérience ne prouve que l'air pése : je parle de l'air proprement dit, de l'air considéré en lui-même. 2°. Parce que, quand l'air ne peseroit point, on pourroit également rendre raison de ce qu'il environneroit constamment le globe terraquée, & montrer d'une manière sensible qu'il ne le pourroit quitter. Voici comme on conçoit la chose.

La terre ne faisant une révolution sur son axe qu'en vingt-quatre heures, & la devant faire néanmoins en une heure & demie, suivant la régle Keppler; la matière éthérée qui l'environne, & qui a originairement la vîtesse que demande cette régle, auroit le tems de faire dix-sept révolutions pendant que la terre en fait une.

I

DE L'AIR. Mais ce n'est pas le goût de la Nature de passer ainsi brusquement, & sans ménagement, d'un terme à un autre. Ses changemens sont nuancés. Ainsi les révolutions de l'éther se sentiront de la lenteur du globe. Mais quoi ! L'éther a besoin de sa vîtesse : il faut conserver l'équilibre avec les plus hautes couches? La Nature pourvoira à tout. L'éther gardera sa vîtesse ; & les révolutions se trouveront modérées par un secret merveilleux, & en même tems d'une simplicité digne d'une Sagesse sans bornes.

La matière éthérée qui remplit le tourbillon de la terre, depuis le noyau jusqu'à la hauteur où commence à se garder la régle de Keppler, pour trouver en quelque sorte le prétexte de Formation de circuler plus lentement, prend le parti de se *peloter* autour de divers centres, & de former de nouveaux tourbillons très-petits en eux-mêmes, mais entr'eux néanmoins d'autant plus grands qu'ils sont plus éloignés du lieu où se garde cette régle. Car à mesure qu'on s'éléve vers cet endroit, le besoin de former de ces tourbillons diminue toujours ; enfin il cesse absolument, & les derniers faits ne sont sensiblement que de la grandeur de ceux de l'éther simple.

L'Air ne pèse pas. Voilà donc l'air formé par une cause permanente. Il est vrai que cet air ne pèse point ; mais il pesera en se chargeant de l'atmosphère du globe terrestre ; atmosphère constante & inséparable, qui donnera à l'air les qualités qui se pouvoient déduire des globes centraux.

Cependant il ne peut quitter la terre. On voit que cet air ne peut quitter, ni s'élever d'auprès de la terre : car une autre matière éthérée, qu'on supposeroit venue en sa place, seroit pareillement obligée de se *pelotonner* comme lui, à cause de la lenteur du mouvement du globe. Ainsi il n'y auroit rien de changé.

Divers ordres d'Air. Il se pourroit faire qu'en descendant du haut du tourbillon vers le centre, à mesure qu'augmente le manquement à la règle de Keppler, la vîtesse de l'éther, non satisfaite par la formation d'un ordre d'air, fît que cet ordre en formât un autre, &c., & qu'il s'en formât ainsi autant d'ordres qu'on distingue de tons primitifs ; de telle sorte que chaque ordre de l'air

Analogie des

DE L'AIR

Tons & des Couleurs.

fût le véhicule d'un seul ton, comme chaque ordre de l'éther l'est d'une seule couleur.

Tout cela ne nuit en rien aux explications qui se tirent, soit de la pesanteur, soit du ressort de l'air : mais cela doit au contraire répandre un jour admirable dans la Physique.

Questions curieuses résolues par cette forme de l'Air.

Ce sont, par exemple, des questions qui embarrassent beaucoup les Physiciens, que de sçavoir, Quelle méchanique éléve les vapeurs dans les airs, quoique les vapeurs soient de l'eau qui pése plus que de l'air ? Pourquoi, quand la moitié d'une éponge trempe dans l'eau, l'eau monte pareillement dans l'autre moitié, & humecte toute l'éponge ? Pourquoi un morceau de sucre, une pièce de bois, & une infinité d'autres corps, dont un bout trempe dans l'eau, se mouillent & s'imbibent beaucoup plus haut ? Comment la séve, malgré sa pesanteur, peut s'élever au haut des arbres, &c. ?

A la vue de la solution de ces difficultés, qui ont mis jusqu'ici inutilement tant d'imaginations à la torture, un bon esprit se peut convaincre de la solidité de nos principes. Car ces mystères impénétrables dans les autres sistêmes, ne sont que de très-simples conséquences qui naissent d'elles-mêmes de celui-ci. L'air, & généralement tout liquide, consistant en petits tourbillons ; ceux d'une couche d'air qui touche à l'eau peuvent, par leur circulation & par leurs frottemens, enlever sur leurs surfaces des parties d'eau, qui sont de petits tourbillons bien moindres que ceux de l'air. Cette couche s'en étant bien chargée, par la même circulation & les mêmes frottemens, en donnera à sa supérieure, qui en fera part de même à d'autres, &c. Il en sera de même de l'air contenu dans les pores de l'éponge, du sucre, des fibres du bois, & le reste ; sans compter que dans les fibres des plantes il peut y avoir des valvules & des ressorts, comme dans nos veines, &c. Mon goût n'est pas de m'arrêter à expliquer ce qui se trouve ailleurs : ainsi je n'en dis pas d'avantage, n'ayant pas rédigé ce Mémoire pour ceux qui voudroient apprendre la Physique, mais pour tâcher de profiter des lumières de ceux qui la sçavent. *Voyez les Leçons de Physique de Mr. de Molières, où il traite de l'Air.*

L'air n'est guères moins propre que la matière éthérée à faire connoître l'utilité de l'hypothèse des petits tourbillons. Car, outre les usages des petits tourbillons de l'air, & de leurs divers ordres, pour l'explication des sons & des tons; leurs usages pour les phénomènes pneumatiques, hydro-pneumatiques, pyro-pneumatiques; pour l'intelligence de la méchanique des animaux & des plantes; pour l'explication de plusieurs météores; il ne faut pas douter que ses petits tourbillons, & même la diversité de leurs ordres, n'ait eu part à la composition de plusieurs mixtes, & qu'ils ne s'y combinent différemment avec les ordres de la matière éthérée. Ce seroit un ouvrage à faire que le développement de leurs usages; & il contribueroit de plus en plus à faire voir, je ne dis pas l'étendue, mais l'universalité de ce sistême. De sorte qu'on peut dire, à l'avantage de l'hypothèse des petits tourbillons, que de la connoissance de ses détails dépend celle de toute la Physique.

IX.
Du Vent.

Monsieur de Molières, dans ses Leçons de Physique, a prouvé d'une manière sensible que la cause prochaine & immédiate du vent proprement dit étoit un tourbillon d'air; & par le mouvement du tourbillon, il a expliqué fort simplement les directions, la violence, les redoublemens, les bouffées périodiques du vent, les tempêtes, les ouragans, les orages; en un mot, tout ce qui peut dépendre de cette matière des vents, hormis leur origine : car il reste toujours à déterminer ce qui forme premièrement ces tourbillons. Et voilà cette cause primitive, ou cette origine des vents, sur laquelle les bons Physiciens n'ont encore pu se contenter eux-mêmes.

Monsieur Descartes avoit allégué des chutes de nues, des éruptions de vapeurs & d'exhalaisons, des jeux d'éolipiles; la raréfaction & la con-

DU VENT

La cause primitive du Vent, inconnue.

du vent densation de l'air; des courans d'air dans la moyenne région, comme les courans d'eau douce sont dans la mer. Mais ce recours à tant de causes, montre qu'aucune ne le contentoit, & qu'il ne croyoit pas avoir trouvé l'origine des vents. En effet, de toutes ces diverses sources il peut bien naître quelque souffle : mais cela ne répond point à l'idée que l'on a de la cause des vents; cause trop féconde, trop permanente, trop universelle, trop puissante pour pouvoir être attribuée à des accidens si légers, si particuliers, si passagers, & même si arbitraires.

Les Cartésiens n'ont rien ajoûté à l'idée de Descartes sur ce point : & ainsi l'origine des vents est encore inconnue. En voici une qu'ils auroient pû produire. Elle est, ce me semble, naturelle, méchanique, & toute simple; & si ce n'est encore la véritable, elle a du moins les qualités & les conditions que l'on desiroit dans les autres.

Principe d'où l'on tire cette cause. L'air qui environne la terre, a plus de mouvement qu'il ne lui en faut pour accompagner cette planète dans sa rotation journalière. L'air doit avoir partout la même vîtesse, à des distances égales du centre de la terre: c'est la régle du tourbillon. Donc l'air qui est à une petite distance du pole, a assez de vîtesse pour faire 9000 révolutions dans son paralléle en vingt-quatre heures. Delà jusqu'au pole, il en a plus; delà vers ici, il en a moins; jusqu'à un certain dégré, où la vîtesse de l'air égale à peu près celle de la terre.

On vient de voir la cause qui empêche que l'éther n'achéve sa révolution autour du globe, dans le tems que le demanderoit la régle de Keppler; & l'on a vu que cette cause avoit formé l'air, en faisant circuler la matiére éthérée autour de plusieurs centres, & en occupant ainsi sa vîtesse, à laquelle il falloit du jeu. Mais cette cause a eu des effets égaux à des distances égales du centre: donc l'air a gardé, sans contredit, la même vîtesse par toute la terre.

Or malgré cette vîtesse immense que presque toute l'étendue de l'air doit avoir de plus que la terre, tout l'air qui environne notre globe s'accommode tellement au mouvement journalier, qu'il ne fait, sensiblement parlant, qu'une révolution en vingt-quatre heures. Que fait-il donc de l'excès de son mouvement ? Il l'emploie à tourner sur différens centres particuliers. Il forme des tourbillons sensibles en toute manière & en tout sens; & ces tourbillons sont les *vents*.

Ainsi certaines parties de l'eau d'une rivière, qui ont plus de vîtesse qu'il ne leur en faut pour en suivre le cours, au lieu d'employer cette vîtesse à devancer les autres parties, forment-elles plusieurs petits tourbillons qui satisfont à l'impétuosité qu'elles ont par dessus le reste de l'eau, tandis que leurs centres suivent tranquillement le cours général de la rivière.

Par une cause toute pareille, l'air qui environne la terre s'est tellement accommodé au tournoiement du globe, qu'au lieu d'employer l'excès de son mouvement à faire plus de révolutions que n'en fait le solide, (méchanique forcée que la Nature a remplacée par une voie bien plus douce,) il a pris un tel tempérament, en le mettant en tourbillons dont les centres suivent paisiblement le mouvement du globe terraquée, qu'il tourne sensiblement de la même vîtesse que la plus grande portion de la terre, un peu plus lentement que l'équateur, & un peu plus vîte que les poles.

Ainsi donc la lenteur du mouvement journalier en général a obligé la matière éthérée à former *l'air*; & la différence de lenteur d'entre l'équateur & les deux poles contraint l'air de former *le vent*.

<small>Affinité d'entre l'Air & le Vent.</small>

Si l'atmosphére grossière qui environne la terre, & dans laquelle apparemment sont tous les vents, avoit eu un libre passage dans l'intérieur de cette terre, ensorte qu'elle eût pu entrer librement par un pole & sortir par l'autre; sa pesanteur, l'hétérogénéité de la matière d'au dessus d'elle, la tenant toujours contre la terre; au lieu de se mettre en tourbillons pour faire des vents, elle eût plûtôt pris sans contredit, pour satisfaire à l'excès de son mouvement, un cours, comme le cours magnétique, d'un pole à l'autre: parce que la partie de

<small>Nouvelle raison du Cours Magnétique d'un pole à l'autre.</small>

cette matière contenue dans l'intérieur de la terre, ne pouvant pas s'y mettre en tourbillons à cause du fil des pores, eût enfilé ces mêmes pores parallélement à l'axe, & eût ainsi déterminé le cours de l'atmosphère extérieure.

Mais les suites qu'auroit pû avoir une telle disposition auroient fait peu de bien, en comparaison de celui qu'elles auroient empêché. Le détail en seroit inutile, ne s'agissant pas d'une réalité : mais il peut être utile de considérer quelle différence de méchanismes résulte des différentes dispositions de l'atmosphère du noyau & de celle de la croûte ; & de quel merveilleux usage sont ces deux méchanismes pour la Société, & pour le bien du monde. L'atmosphère du noyau terrestre nous donne *la boussole*: l'atmosphère de la croûte terrestre nous donne *le vent*. Ç'en est assez. Voilà les deux hémisphères liés ensemble ; voilà tous les hommes en société ; voilà les deux mondes qui n'en font qu'un.

Par un de ces inconvéniens qui sont inséparables des loix générales, une partie de notre globe manquoit de solidité ; l'autre étoit aride & stérile : les usages de ces deux atmosphères réparent méchaniquement ces deux défauts. On fait route, on transporte toutes choses sur mer comme sur terre. La pluie & le beau tems fertilisent toute contrée. Quelle ressource dans la disposition des parties de la Nature ! Quelle sagesse merveilleuse dans le plan du monde ! Quelle adresse infinie !

Je pense qu'on trouvera plus de simplicité dans cette supposition du noyau de la terre, & d'une atmosphère qui lui soit propre, que dans ce qu'on a imaginé jusqu'ici pour expliquer la vertu magnétique. Je montre l'origine de ce noyau & de son atmosphère ; je rends raison du mouvement que je donne à celle-ci ; je ne vois pas que les autres sistêmes aient tout-à-fait le même avantage.

La cause du vent n'est ni moins simple, ni moins naturellement déduite. Et je ne crois pas même qu'on puisse douter de l'existence de cette cause, depuis les tropiques jusqu'aux poles. Si dans la zone torride elle devient plus foible, on y voit une autre cause qui la ranime, & qui lui donne autant de vivacité qu'elle en peut avoir vers les poles.

Autre cause du Vent, qui favorise la première.

On ne peut douter que tant de différentes matières, qui s'élèvent continuellement des pores de la terre & de la mer, ne fermentent dans les airs de différentes façons; & ne mettent par conséquent dans certaines régions plus de mouvement qu'il n'y en faut pour être en équilibre avec le reste de l'air. Donc une certaine étendue d'air ainsi remplie de matières qui fermentent, est obligée de se partager en divers tourbillons, si elle ne l'est déja, pour satisfaire à l'excès de vîtesse qui est survenu dans ses parties; comme fait l'eau qui devient bouillante. Ces tourbillons viennent à s'entraîner, à s'absorber les uns les autres, & à s'agrandir, selon les règles, aux dépens de l'air tranquille qui les touche de toutes parts. Enfin ils s'étendent jusqu'à terre; & on a du vent.

On voit par les tempêtes, & par certains effets, que les centres des tourbillons qui font les vents doivent avoir une rapidité & une force étonnante : mais on voit aussi, par d'autres effets, qu'il n'y a ni force, ni rapidité dont une fermentation ne soit capable. Desorte que ces fermentations se faisant continuellement, & ayant une cause permanente, elles peuvent passer, principalement dans la zone torride, pour l'origine des tourbillons qui font les vents.

Si la première cause a encore lieu dans la zone torride, elle est merveilleusement renforcée par celle-ci ; & par ce moyen elle se trouve égale par toute la terre.

Comme le soleil ne cause pas, vers les poles, les mêmes évaporations, ou enlevemens d'eau, qu'il cause dans la torride ; tout ce qui s'éleve dans ces pays froids ne consiste qu'en exhalaisons séches, ou matières inflammables, propres à produire & à entretenir tous ces feux qui éclairent quelquefois tout le nord, & qui sont aujourd'hui connus sous le nom d'*aurore boréale*. Car, à cause de la lenteur comme infinie du mouvement de la terre en ces lieux, la première cause des vents y est plus forte ; ce

Raison de l'Aurore Boréale.

qui étant combiné avec les qualités des exhalaisons de ce climat, fait concevoir que les orages & les embrasemens y sont plus éclatans qu'ailleurs.

Pourquoi plus de Vent sur mer que sur terre.

Il y a plus de vent sur mer que sur terre. 1°. La mer fournissant plus de matières aux fermentations, (car l'eau de la mer contient, comme nous l'avons insinué, toutes sortes de liquides subalternes,) il s'y forme par cette voie plus de tourbillons. Cette cause y rend aussi les orages plus fréquens. 2°. Plusieurs tourbillons de vents, qui commencent à se former sur la terre, n'y réussissent pas si bien que sur la mer, à cause de différens obstacles qui en rendent la formation embarrassée, & quelquefois l'empêchent tout-à-fait; desorte que tel commencement de tourbillon, qui dans une situation libre, comme sur mer, fût devenu un vent considérable, est contraint de se rompre & d'avorter, parce qu'il se trouve malheureusement dans un lieu désavantageux, comme entre des montagnes, parmi des bois, &c.

Souvent aussi, quoique formé, il se trouve amorti par ces mêmes caules qui s'opposent à la circulation, rompent tout son mouvement, & le rendent insensible.

Pourquoi le Vent cesse, ou change après la pluie.

Le vent peut aussi cesser & même changer, comme il arrive quelquefois, après certaines pluies, sans que le tourbillon soit défait. C'est qu'alors celui-ci, étant déchargé de l'eau qu'il soutenoit, devient plus léger ; ce qui fait monter son centre. D'où il arrive manifestement, ou qu'il ne s'étend plus jusqu'à nous, ou qu'il nous atteint par une couche qui circule bien plus lentement.

X.

De l'Électricité.

DE L'ÉLECTRICITÉ.

Personne ne doute actuellement que tous les corps particuliers n'aient des atmosphères qui les entourent, comme la terre est enveloppée de l'atmosphère où nous vivons, & que nous respirons avec l'air.

Idée de l'Atmosphère de la Terre.

On ne peut pas non plus douter que les atmosphères ne soient composées des mêmes principes & des mê-

DE L'É-LECTRI-CITÉ.

mes élémens que les solides dont elles dépendent : c'est-à-dire, par exemple, que dans l'atmosphère de la terre il y a des élémens, non-seulement de terre, mais de toutes les espéces de corps qui peuvent être dans la terre. Et c'est l'assemblage même de tous ces élémens soutenus dans les interstices, sur les surfaces, &c. des petits tourbillons de l'air, qui par leur tournoiement continuel les tiennent comme en dissolution ; c'est cet assemblage, dis-je, qui constitue l'atmosphére de la terre.

Idée de l'Atmosphére des autres corps.

Mais ce qui est en grand autour de la terre, est en petit & en abrégé autour de chaque corps particulier. Chacun de ceux-ci est accompagné d'une infinité de petits corps, tous semblables à ses propres principes, qui remplissent les pores de sa masse, & l'entourent en dehors à une certaine distance, sans se dissiper d'avec elle ; parce que leur homogénéité entr'eux & aux principes du corps, jointe à la différence d'entr'eux & le milieu environnant, fait que celui-ci les emboîte, pour ainsi dire, & contribue par son ressort à les tenir ensemble.

Ajoûtez à cela que, de quelque genre que ces atmosphères puissent être, l'air contient, comme on l'a remarqué, des élémens semblables ; & à mesure que, par le hazard de la circulation des parties de l'air, ils approchent de leurs homogènes, ils quittent l'air, & restent avec eux : Ce qui entretient ces atmosphères, & répare quelques dissipations qui leur peuvent arriver par certaines violences.

DE L'É-LECTRI-CITÉ.
L'Air entretiét celles-ci.

Il faut aussi bien remarquer que les petits corpuscules de ces atmosphères sont eux-mêmes de petits tourbillons différemment chargés de globules, & qui balancent avec l'éther, chacun avec l'ordre dont il est. Car il faut dire ici de tous les mixtes ce que nous avons dit de la composition des minéraux & des métaux. Ce sont de petits tourbillons de différens ordres de l'éther qui sont leurs premiers composans, ou qui en sont les élémens : & c'est l'éther qui balance avec eux, qui les comprime le plus, & les retient les uns auprès des autres. D'où il suit que si une de ces atmosphères étoit assez dense, ou si ses élémens

Elles balancét avec l'Éther.

étoient assez serrés; elle excluroit tout-à-fait l'air, comme font l'eau, l'huile, &c.

Mais comme elles n'ont pas cette densité dans leur état ordinaire, & comme elles ne remplissent pas exactement toute la sphère où elles s'étendent; il s'y avance aussi de l'air, même jusqu'à la surface du corps; mais de moins en moins, à mesure qu'il s'approche de la masse. Car la densité d'une atmosphère va en augmentant vers le corps. Les expériences de Newton sur l'infléxion de la lumière ne laissent aucun lieu d'en douter. Enfin cette atmosphère est très-dense dans le corps même, je veux dire, dans les intervalles d'entre les parties solides: intervalles dont la multitude surpasse infiniment ce que les sens semblent nous dire, puisqu'au rapport des Cultivateurs de la Physique expérimentale, dans le corps le plus serré comme l'or, il y a autant de vuide que de plein; & selon d'autres, il y a même tant de vuide qu'il n'est pas certain qu'un pied-cube d'or en contienne un pouce-cube. Il n'est pas même certain, nous

DES PETITS TOURBILLONS. 213

disent quelques Vacuistes, qu'il y ait dans l'Univers entier un pied-cube de matière. Dans ce cas-là, la façon y seroit pour beaucoup.

DE L'É-LECTRI-CITÉ.

Quoiqu'il en soit, tous ces Messieurs en trouveront moins à redire à ce que j'assure que l'atmosphère est incomparablement plus dense au dedans d'un corps qu'en dehors; qu'il y en a infiniment plus en dedans qu'en dehors; qu'elle y est plus compacte & plus serrée; & que si ce qu'il y en a en dedans sortoit tout d'un coup, par quelque accident, & se dilatoit en sortant; il y en auroit de quoi remplir un fort grand espace à la ronde.

Prenons maintenant un tube de verre, & frottons-le dans l'obscurité avec les circonstances & les conditions qu'on demande pour produire *l'électricité*, & qui sont à-présent connues de tout le monde.

1°. A mesure qu'on frotte le tube, on irrite & on échauffe son atmosphère extérieure qui tend à se dilater: & déflors les petits tourbillons dans lesquels elle consiste, & qui sont de plusieurs espèces, peuvent fermenter entr'eux. Le tumulte de

Pourquoi le Tube frotté devient lumineux.

de cette fermentation excite un frémissement & un tremblement dans les élémens de cette atmosphère, qui mettent en vibration le véhicule de la lumière avec lequel ils balancent, &c.; ce qui fait paroître le tube lumineux, ou bien plûtôt son atmosphère.

Des phosphores.

Ainsi faut-il expliquer la lumière que jette le bois pourri : l'atmosphère de ce bois fermente actuellement, en conséquence de sa corruption. Il en est tout de même de beaucoup de phosphores.

Cause de l'Effluence & Affluence.

2°. Quand on continue les frottemens, la chaleur se communique à l'atmosphère intérieure, qui ne se peut dilater sans sortir. Il en sort donc une bonne quantité qui agrandit en un instant l'atmosphère extérieure, & en exclut l'air comme il est exclus par une flamme. L'air, en se retirant, se condense à la ronde, plus ou moins, selon l'étendue que veut prendre cette atmosphère. Au reste cette atmosphère ne sort pas par tous les pores du corps: de la meilleure partie de ceux-ci il ne sort rien. Mais par-là l'éther s'insinue, & remplace insensiblement la matière qui s'échappe. Enfin si une trop grande abondance de l'atmosphère intérieure sortoit subitement, il est clair qu'au lieu d'éther pur il pourroit rentrer des élémens dans les pores du tube; ce qui en empêcheroit l'épuisement, & le mettroit bientôt en état de recommencer la même chose.

Considérons à-présent ce tube environné, à une bonne distance, de l'atmosphère qu'il a jettée: présentons lui un de ces corps que l'électricité a coutume d'attirer, une petite feuille d'or, & parcourons toutes les combinaisons de leurs atmosphères l'une avec l'autre. Par-là, au lieu de nous borner à l'explication des effets qu'on a observés jusqu'ici, nous donnerons les moyens d'en expliquer tout autre qu'on pourra remarquer dans la suite.

Comme on ne peut s'expliquer que successivement, & qu'il n'est pas possible de tout dire à la fois; pour me faire un ordre dans cette matière, j'expliquerai d'abord la vertu électrique qui consiste *à attirer & à repousser des corps légers, à les soutenir comme en l'air*, &c., & je vais l'expliquer en deux manières: 1°. indépendamment; 2°. avec dépendance de la communication de la vertu électrique. Enfin je tâcherai d'expliquer la communication même, & de ne rien laisser à desirer sur tout ce qui regarde ce sujet.

DE LA VERTU ÉLECTRIQUE,

Considérée indépendamment de la Communication.

Première sorte d'électricité.
Dès que l'atmosphère de la petite feuille commence à entrer dans celle du tube; l'air condensé, qui environne les deux, les pousse rudement l'une vers l'autre, comme il presse deux gouttes d'eau, & les fait concourir dès qu'elles commencent à s'approcher. La petite feuille est donc lancée, avec son atmosphère, vers le tube; & de l'élancement qu'elles ont, elles le vont toucher. L'atmosphère de la petite feuille s'applatit contre le tube: & aussitôt par son ressort, elle revient sur ses pas. Mais dans ce retour, la feuille d'or, plus pesante qu'un pareil volume de sa petite atmosphere, revient plus vîte, oblige ainsi sa petite atmosphère de s'allonger, & condense devant elle la partie qu'elle pousse. Cette partie condensée se bande à un certain

tain point, se détend bientôt contre la feuille, & la pousse encore vers le tube, où la même chose arrive à l'autre bout de la même atmosphère; ainsi de suite, jusqu'à ce qu'enfin les allées & les venues, ou les oscillations de la petite feuille, à force de diminuer, s'évanouissent; & alors elle demeure en repos au milieu de son atmosphère, à une distance moyenne du tube, c'est-à-dire, où son atmosphère aura fini de s'arrondir.

Si au lieu du tube, on prend un globe de verre aussi électrisé, c'est-à-dire, ayant son atmosphère suffisamment sortie autour de lui; & si l'on veut suspendre ce globe dans une chambre bien conditionnée où l'air soit tranquille, & le reste; on voit que l'atmosphère de ce globe sera plus épaisse ou plus dense, non-seulement au proche du globe, mais elle le pourra être pareillement sous son hémisphère inférieure, eu égard à la pesanteur de ses parties: elle sera même plus dense partout ailleurs qu'au zénith même du globe. Si donc une très-petite feuille d'or se trouve précisément placée dans ce zénith, elle y demeurera constamment à cause de sa petite atmosphère élastique, comme une aiguille demeure sur l'eau à cause de son atmosphère. Si elle est mise un peu à côté, elle se remettra dans cet endroit, poussée par l'air environnant, & appuyée sur les parties plus denses; vingt fois, si l'on veut. Si on la met enfin trop à côté, elle tombe à terre par son propre poids. C'est qu'étant trop éloignée du zénith, elle sort des limites de ce lieu rare, & peut-être de l'atmosphère même du globe de verre. Mais si on veut la laisser dans ce point; quoiqu'on transporte le globe d'un bout de la chambre à l'autre, la petite feuille le suivra partout, s'il ne survient aucun souffle, se tenant dans la ligne verticale qui passe par le centre du globe.

On pourroit présenter tel corps à l'atmosphère d'un tube ou d'un globe électrique, que les deux atmosphères se trouvassent tellement hétérogènes entr'elles, & en même tems si étendues & si fortes, que l'air ne pût pas les faire s'enfoncer, & qu'elles se renvoyassent au contraire, par leur ressort, bien loin l'une de l'autre.

Si l'une d'elles étoit trop petite, mais insociable avec l'autre, comme l'huile & l'eau; alors elle pourroit y entrer d'abord, à cause de l'instance du milieu environnant : mais elle en sortiroit aussitôt, ne fût-ce que par son propre ressort.

Voilà ce qu'on peut tirer de l'air environnant par rapport aux deux atmosphères. Soyons maintenant attentifs à autre chose.

DE LA VERTU ÉLECTRIQUE,

Considérée dépendamment de la communication.

Si la petite feuille est mise d'abord au dedans de l'atmosphère du tube, la pression de l'air n'a plus lieu : mais cette feuille alors s'électrisant par communication, comme on va bientôt le dire, jette une grande quantité de son atmosphère, principalement du côté du tube, comme un vent d'éolipyle. Et cette éruption de matière vers le tube, entraîne la feuille. Ce qu'on peut concevoir de la sorte :

Cette sortie ou éruption ne se fait pas sans difficulté : il faut ouvrir &

élargir les pores; c'est-à-dire, heurter violemment une infinité de parois. Les premiers tourbillons l'ayant fait, les suivans continuent : de sorte que les chocs dans le même endroit se trouvent prodigieusement multipliés, ce qui pousse la feuille plus efficacement en ce sens-là qu'en tout autre. Comme on voit que la poudre à canon, quoique comme élastique elle agisse en tout sens, pousse néanmoins le boulet plus efficacement qu'elle ne repousse la culasse. Car je ne doute pas que si un boulet, à deux pieds de la bouche du canon, donnoit à plein dans un obstacle indissolublement attaché à ce même canon; je ne doute pas, dis-je, que ce boulet ne fît avancer le canon; qu'une bale en pareil cas n'emportât un fusil, ainsi du reste.

La petite feuille parvenue trop brusquement auprès du tube, en est aussitôt renvoyée par le ressort des fluides : & étant revenue en arrière, elle est aussitôt ramenée en avant par la continuation de l'éruption de ses élémens. Elle est repoussée de nouveau : & elle revient encore de même, tant que l'éruption peut durer. Après quoi elle s'arrête à quelque distance du tube, où le dernier effet du ressort l'a repoussée.

DE L'ÉLECTRICITÉ.

Ou bien, plus simplement encore : l'éruption de l'atmosphère du tube, & celle de l'atmosphère du corps suspendu, se vainquent alternativement ; ce qui occasionne les allées & les venues du petit corps léger. Et enfin ce petit corps s'arrête où se fait l'équilibre des deux souffles, ou, si vous voulez, l'équilibre de leur impuissance respective.

Troisième manière de cōcevoir la même chose.

Il en est ainsi de tout corps léger qu'un corps électrisé attire & repousse. C'est ce qui fait que, dans la machine du vuide, l'électricité attire & repousse, quoique la pression de l'air n'y ait plus lieu : Et ce qui prouve aussi que ces atmosphères balancent avec l'éther, puisque leur consistance demeure la même dans un lieu où il n'y a plus d'air.

Comme ces deux explications donnent les mêmes phénomènes que la précédente, on peut se persuader qu'elles servent toutes à se renforcer les unes les autres, & qu'elles font ensemble la cause complette de la vertu électrique. Du moins n'y a-t-il rien de plus facile que d'expliquer, par leur moyen, les attractions, les répulsions & les suspensions électriques. En voici encore un exemple, sur une expérience qui surprend jusqu'aux plus grands Maîtres.

Explication d'une belle expérience. On électrise un globe de verre creux, qui a un diamétre de cavité de treize ou quatorze pouces. Au centre de cette même cavité est un noyau suspendu, de bois ou d'autre matière, auquel on attache des rubans qui flottent d'un bout. En dehors du globe, il y a un cerceau parallèle à son équateur, fixé à une distance de sept ou de huit pouces, auquel on a aussi attaché de pareils rubans. Pendant la gamme de l'électricité du globe, s'il est permis de parler de la sorte, les rubans du cerceau se dirigent vers le globe; ceux du noyau y tendent tout de même, les uns & les autres vers l'équateur ; sans doute, parce que c'est par l'équateur qu'on a électrisé ce globe.

L'appareil de cette expérience est bien plus long que l'explication qu'elle demande. Le cerceau jette son atmosphère vers l'équateur du globe, parce que delà est venu le principe de la dilatation de ses pores, qui se sont ainsi plûtôt ouverts de ce côté-là que de l'autre. Cette éruption de matière a dirigé les rubans, qui étant une fois dirigés ont aussi jetté leurs atmosphères de ce côté-là ; ce qui les a fortifiés dans cette tendance, & ce qui a vaincu du premier coup l'éruption de l'atmosphère du globe. Il en est tout de même des rubans du noyau.

Cette éruption de l'atmosphère d'un corps devient visible, quand elle s'enflamme. On la voit alors, comme des fusées ou comme des vents d'éolipyle, sortir par plusieurs points de la surface du corps. Quand elle ne s'enflamme pas, on la peut sentir en approchant, soit le visage, soit le dos de la main, de ce même corps. Enfin souvent on en sent l'odeur ; & on ne peut alors douter que ce ne soit l'atmosphère du corps même, laquelle a fermenté. Ces flammes venteuses, qui sortent quelquefois avec une rapidité surprenante de certains points d'un bois qui est dans le feu, repré-

DE L'ÉLECTRICITÉ.

L'Eruption d'Atmosphère dont nous parlons, devient sensible.

sentent naturellement les éruptions électriques, & viennent d'une cause semblable. La dilatation subite qu'excite la chaleur dans l'atmosphère intérieure de ce bois brûlant, la fait sortir impétueusement ; & ce fait, ce semble, auroit bien dû nous dessiller les yeux sur celui dont on parle.

Quand on sent, comme quelques-uns disent l'avoir fait, que *cette éruption* est accompagnée *d'une irruption* en sens contraire ; c'est-à-dire, que tandis qu'une matière s'éloigne du tube, une autre matière s'en approche, sans qu'il s'agisse alors d'attirer ni de repousser aucun corps : cela vient de ce que l'atmosphère sortante est remplacée par des élémens,* comme on l'a dit plus haut. Il n'y a pas d'autre mystère à ce double cours de matière *effluente* & *affluente*, qui cause tant d'admiration à ceux qui manient l'électricité.

DE LA COMMUNICATION
DE L'ÉLECTRICITÉ.

Lorsque d'un *corps électrisé* on ap-

* On en verra la raison encore plus bas.

proche un corps *non-électrique*; ensorte que celui-ci, ou son atmosphère, entre dans l'atmosphère de celui-là; aussitôt les deux atmosphères, qui sont deux liquides susceptibles de fermentation, fermentent ensemble. Il en sort des étincelles, il s'y fait un pétillement avec bruit; & si le corps non-électrique est un corps humain, il sent des douleurs comme des piquures, &c.

C'est ici surtout qu'on peut remarquer ce que nous avons dit ailleurs, sçavoir, que l'atmosphère d'un corps particulier, & ce corps même, sont en abrégé & en petit ce qu'est en grand l'atmosphère terrestre avec la terre. Car si l'on voit souvent dans celles-ci des méteores & des faits surprenans; depuis qu'on examine l'électricité, on en voit tout autant dans ceux-là. Il n'y a que cette différence qui se trouve toujours du grand au petit, & qui est que les feux aériens, les éclairs, le tonnerre, les iris, les tremblemens de terre, les volcans, ne sont ici que de petites lueurs, de légères nuances, des pétillemens, de petits trémoussemens dans quelques membres, des éruptions d'une matière très-subtile par de petits passages insensibles, des curiosités, en un mot, des sujets de divertissemens, au lieu des dangers, des malheurs, des ravages & des bouleversemens dont on sçait les histoires.

Mais avec toute cette différence du grand & du petit, les causes sont les mêmes. Et ceux qui ont tant travaillé sur l'électricité se seroient épargné de l'ouvrage, s'ils avoient voulu partir de ce point. L'atmosphère terrestre est plus développée, les objets y sont mieux séparés, les opérations plus distinguées ; tout y est plus facile à discerner : au lieu que dans le petit espace de l'atmosphère d'un corps, tout est confondu pour nos sens. La méchanique n'en peut être distincte que pour l'esprit ; & l'esprit n'a de meilleure voie pour faire cette distinction dans le petit, que d'y porter l'analogie de ce qu'il voit clairement dans le grand. Ce n'est que quand la Nature travaille sur un grand sujet, que nous pouvons attraper sa méthode & son rôle. C'est perdre son tems que de commencer par la voir travailler en petit. Ainsi, pour le dire en passant, la bonne Physique commence par le sistême du monde. Considérez toute l'étendue des Cieux; comme elle est distribuée en grands tourbillons; comme chacun de ces grands tourbillons entraîne des planètes; comme quelques-unes de celles-ci ont plusieurs satellites, quelques-autres en ont moins, d'autres n'en ont point du tout; comment ces tourbillons s'emboîtent les uns les autres; comment ceux d'une même grandeur se balancent; & comme tous ont un mouvement constant & permanent.

Transportez ensuite ce sistême, que vous voyez évidemment pratiqué quand la Nature a travaillé sur le fluide immense de l'Univers; transportez-le, dis-je, à ses moindres parties; & songez que n'y ayant absolument ni grand ni petit, il n'y a pas de raison pour changer de conduite de l'un à l'autre. Alors vous ne trouverez plus si étrange qu'on dise que le moindre espace fluide soit divisé & subdivisé en petits tourbillons. Pourquoi la Nature ne feroit-elle pas dans le petit ce qu'elle fait dans le grand ? Ce *petit* pour vous n'est pas petit pour elle : pourquoi voulez-vous donc qu'elle change de stile ?

Dites plûtôt qu'elle s'est dévoilée dans le sistême des Cieux ; qu'à ce sistême nous voyons sa méthode ; qu'ici-bas comme là-haut, sa moindre partie comme le tout est disposée en tourbillons ; que les uns ont à leurs centres des globes pesans, les autres entraînent des satellites plus ou moins ; en un mot, qu'ils sont variés de toutes les manières imaginables, & que ce sont ces diversités qui varient, comme à l'infini, les moindres parties de la Nature. Alors je m'imagine que vous serez sur les voies. Je crois en avoir donné des éxemples dans le cours de ce Mémoire, & j'en donnerai encore d'autres dans les Remarques qui le vont suivre.

Mais laissez-là le plan général, & ne permettez pas qu'on vous parle de sistême. Prenez des sujets particuliers, solides, fluides, &c. ; regardez, maniez ; faites les mouiller, sécher, dissoudre ; faites des expériences tant que vous voudrez : la méchanique, qui se passe devant vous, est toute secrette, quoique sous vos yeux. Comment l'expérience vous découvriroit-elle la formation de la moindre chose ? Vous ne pouvez faire d'expérience que sur des choses toutes formées. Vous aurez beau regarder de l'eau toute faite ; vous ne découvrirez jamais l'état de ses premiers principes. Quand vous décomposez une matière que vous ne connoissez pas, vous la résolvez en d'autres matières encore plus inconnues. Enfin vous la poussez si bien qu'elle échappe à vos sens : vous voilà-t-il pas bien avancé ? Aussi ceux de ces Messieurs qui ont le plus de droiture, conviennent-ils que les connoissances qu'ils acquièrent par cette voie ne sont que des connoissances d'histoire naturelle. Ils connoissent plus d'effets que les autres, mais non pas plus de causes.

La voie de l'expérience seroit la seule bonne voie, si la division actuelle de la matière n'excédoit pas la portée de nos sens, & si nos sens nous étoient donnés pour apprendre la Physique. Mais, dans la situation où nous sommes, il faut changer de route. J'avoue qu'il faut interroger l'Auteur de la Nature par des expériences, pour apprendre son procédé de lui-même : mais il ne faut l'interroger que sur choses qu'il veut bien que l'on sçache. Il est inutile, pour le moins, de l'interroger quand il ne veut pas répondre. Il n'a pas voulu mettre de proportion entre nos sens & les premiers principes : il ne faut donc pas lui demander à les voir. Il nous laisse voir tout le sistême solaire : il l'a déployé à nos yeux; & il ne nous défend point de raisonner. Peut-être, est-ce tout nous dire. S'il a suivi ce sistême en toutes choses; il n'en falloit pas dire davantage. C'est à nous à-présent à raisonner, & à nous servir de ce grand spectacle où tout est étalé avec magnificence, pour nous faire jour dans les petites choses, & pour éclairer ce qu'on ne peut voir que par les yeux de la raison.

Ainsi, pour ce qui regarde les atmosphères dont il s'agit présentement, considérons d'abord la plus grande. Examinons l'atmosphère de la terre. Voyons ce qu'elle renferme, & ce qui s'y passe; & venons ensuite, par induction, aux atmosphères des corps particuliers. Après ce que j'ai dit ci-dessus du feu, de la lumière, de la fermentation, du tonnerre, des éclairs, le tout en suivant l'analogie du sistême des planètes; on ne peut, ce semble, trouver de difficulté à expliquer tout ce qui arrive à une atmosphère électrisée, mêlée avec une autre qui ne l'est pas.

DE L'É-
LECTRI-
CITÉ.

Premièrement, il n'est pas surprenant que ces deux liquides fermentent ensemble. 2°. Que pendant la fermentation on voie & on entende des pétillemens, puisque plusieurs petits tourbillons y crèvent ensemble leurs enveloppes, & en jettent les éclats à la ronde. 3°. Que les flammes & les étincelles consument enfin ces atmosphères; ce qui fait que l'électricité cesse dans le moment. 4°. Que l'atmosphère d'un corps animé, ayant fermenté avec l'autre, fermente aussi dans l'intérieur de ce corps même; & s'y dilatant en conséquence, qu'elle force un peu les vaisseaux, ce qui cause des douleurs, des piquures, &c.

Application de ce qu'on a dit de la Fermentation.

Pour entendre avec facilité la communication de l'électricité, il n'y a

Communication de

DE L'É-
LECTRI-
CITÉ.

d'Électri-
cité.

qu'à s'imaginer que le frottement, qui électrise d'abord une atmosphère, en altère la qualité en l'échauffant, & la fait *tourner*, pour ainsi dire, comme la chaleur fait tourner du vin, du lait doux, &c. Cette *tournure* est sans contredit une fermentation qui dilate l'atmosphère, la fait sortir du corps, ainsi du reste. Mais cette atmosphère ainsi tournée, aigrie, corrompue, dilatée, met un levain dans toute autre atmosphère qui se vient mêler avec elle. Elle la fera donc tourner pareillement, se dilater, sortir du solide qui la contient, avec des éruptions semblables à celle de la matière d'une fusée, ou à celle de l'air dilaté qui s'élance d'une éolipyle. Voilà donc le corps électrisé capable d'en électriser d'autres.

Promptitude de cette Cōmunication.

A l'égard de la promptitude avec laquelle les corps s'électrisent, il n'y a que la méchanique des petits tourbillons qui la fasse concevoir. Les petits tourbillons contigus, & tous en équilibre entr'eux, prennent en un instant le ton les uns des autres ; & dès qu'il arrive à quelques-uns d'eux quelque chose de nouveau, comme

DES PETITS TOURBILLONS. 233

de porter sur leurs surfaces quelque matière nouvelle, &c., en un moment la charge est partagée par le mouvement circulaire dont ils se frottent les uns les autres. C'est par cette voie que l'humidité, ou telle autre disposition d'air, se communique si vîte, sans aucun vent, à dix lieues de pays. Il en est de même de tout changement dont une multitude de petits tourbillons peut être affectée : tous ceux de leur espéce le sentiront d'abord, à cause de l'équilibre qui est entr'eux.

DE L'ÉLECTRICITÉ.

L'étendue de la communication de l'électricité n'a pas de bornes. Elle s'étend aussi facilement à cent lieues qu'à cent pouces. Si une méche imbibée d'esprit de vin étoit longue de cent lieues, on voit que le feu d'une bougie iroit aussi facilement d'un bout à l'autre que si cette méche n'étoit que de cent lignes.

Son Etedue.

La vertu d'un corps électrique s'affoiblit en se communiquant ; & si elle étoit déja foible, pour l'ordinaire elle se perd tout-à-fait. C'est que l'air condensé qui environne l'atmosphère d'un corps électrique, (de laquelle

Pourquoi la vertu s'affoiblit, en se communicát

condensation nous avons déja rendu raison); cet air, dis-je, enveloppe cette atmosphère, & l'emboîte comme en une boule creuse : ce qui l'empêche de se dissiper, & ce qui oblige les élémens, dont nous avons parlé ci-dessus, de retourner vers la masse, pour y remplacer ceux qu'elle perd, & pour la tenir en état de jetter toujours la même dose. Mais si cet air condensé cesse de la contenir, comme il arrive quand une autre atmosphère non-électrique la vient toucher; alors ses élémens en liberté, au lieu de retourner sur leurs pas comme auparavant, se mêlent ailleurs. Le mouvement *d'affluence* cesse aussi-tôt : *l'effluence* doit donc s'affoiblir, ou peut-être, cesser tout-à-fait. Il se peut que ce ne soit pas l'air, mais l'éther, qui emboîte & enveloppe ainsi la vertu électrique; puisqu'elle se conserve sous le récipient de la machine du vuide. Mais il se peut aussi que ce soit l'air, dans cette occasion-là même; il suffit pour cela que la sphère de la vertu électrique s'étende hors du récipient, ce qui est très-possible. Et il se peut encore que les parois du récipient même tiennent, en ce cas, la place de l'air.

On peut objecter qu'il est encore étonnant que tous les corps soient susceptibles de la communication de l'électricité. Quoi donc ? Toutes les atmosphères sont-elles homogènes, malgré l'hétérogénéité qui règne entre tant de corps ? C'est ce qui n'est pas croyable.

Je réponds qu'il n'est nul besoin que toutes les atmosphères soient homogènes, pour que le levain de l'une fasse tourner l'autre : car toute sorte de levain corrompt toute masse qui est susceptible de corruption. On n'a pas besoin de lait aigre pour faire aigrir du lait doux : toute chose aigre le fera aigrir. Ainsi la disposition qui fait l'électricité se peut communiquer de l'une atmosphère à l'autre, sans qu'elles soient homogènes.

Il faut qu'elles soient néanmoins montées à l'unisson à certain égard. Mais elles peuvent l'être à un certain égard, sans l'être à tous. Deux corps renvoient la même couleur, font entendre le même son, se dilatent également par la même chaleur, sans

DE L'É-LECTRI-CITÉ.

Pourquoi tous les corps sôt électrisables*

être de même nature. Et toutes ces atmosphères peuvent être susceptibles du même dégré de fermentation, sans être ni de même genre, ni de même espèce. De l'or, du fer, du bois, se peuvent mouvoir de la même manière. On peut même expliquer cet unisson d'une manière bien plus simple. Toutes les atmosphères, comme on l'a dit en expliquant le Magnétisme, sont composées de plusieurs milieux ; & il n'est pas sûr qu'ils soient tous employés à composer le véhicule de l'électricité. Il se peut que quelqu'un d'eux soit commun à toutes les atmosphères, & que ce soit lui qui fasse tout.

Des effets de l'Electricité sur les corps animés.

Quand la machine dont on se sert pour électrifer un corps, cause un rude frottement ; une personne qui en recevroit la communication, surtout par plusieurs endroits à la fois, pourroit en avoir les nerfs rudement ébranlés : car on sçait que les nerfs d'un corps animé, comme autant de cordes d'instrument, se peuvent trouver à l'unisson d'un mouvement très-rude, comme d'un très-doux ; & alors la personne électrisée pourroit sentir un engourdissement, un coup subit & violent, dans une partie considérable du corps. Même une personne très-foible en seroit incommodée. On dit que des oiseaux en ont été tués. Quand on fait crever un globe de verre, en l'électrisant; c'est la dilatation de l'atmosphère, dans sa concavité, qui le fait partir.

Quant aux figures que prennent les flammes des atmosphères électrisées, figures *d'aigrettes*, figures *de couronnes*, figures *de lames*, &c.; cela vient de la disposition des matières qui s'enflamment, & de l'opposition qu'éprouvent ces flammes en voulant fendre les airs.

La flamme d'une bougie ne fait aucun mouvement, quoiqu'on l'approche d'un corps électrisé, qui en ce moment en attire & en repousse d'autres. C'est que, comme nous l'avons remarqué en traitant de la Matière du Feu, tout feu ne rompt pas tout ordre de petits tourbillons. Quoiqu'il en rompe, par exemple, un; les autres subsistent toujours: ainsi la flamme est toujours en petits tourbillons, quoique, par rapport à quel-

Marginalia: DE L'ÉLECTRICITÉ. — Pourquoi la Flamme ne s'électrise pas.

que ordre ou même à plusieurs ordres, ce ne soit qu'un amas tout rompu. Ainsi, dans le cas dont il s'agit, la flamme consiste en petits tourbillons qui font équilibre avec ceux de l'atmosphère en question : c'est-à-dire, les uns & les autres sont du même ordre. C'est ce qui fait que le feu ne prend pas à cette atmosphère ; comme il le fait, quand les petits tourbillons de cette atmosphère même sont rompus ; & comme il le feroit, si cette flamme rompoit encore un ordre de plus qu'elle ne fait.

Cela nous fait connoître, premièrement, que les petits élémens de pareilles atmosphères sont d'une extrême finesse, puisqu'ils sont plus petits, au moins d'un ordre, que le premier ordre de l'éther, & peut-être plus. Cela nous fait connoître, en second lieu, qu'on pourroit présenter telle flamme à cette atmosphère, qu'elle en fût consumée. On voit enfin pourquoi la flamme ne se peut électriser : C'est que la flamme consiste en une matière qui n'est pas susceptible de fermentation. C'est une matière poussée à bout, & rendue à

DES PETITS TOURBILLONS. 239

son dernier terme, mêlée avec l'éther tout pur, qui ne donne prise à aucun levain.

L'eau & les autres liqueurs sont électrisables; parce que dans les interstices de ces premières liqueurs, il y en a de secondes; ou dans ceux des secondes, des troisièmes, &c. qui font équilibre avec les atmosphères des corps électrisés.

Il reste à dire pourquoi les métaux, & quelques autres corps qui ne peuvent devenir électriques par le frottement, le deviennent par communication, & le sont ensuite plus que les autres. C'est que les atmosphères & les pores des métaux sont d'une trop solide consistance, pour que les frottemens qu'on a coutume d'employer les puissent attirer. Mais une voie plus douce vient souvent à bout de ce que la violence ne peut faire. De petits tourbillons fermentés ou dilatés sont plus immanquables pour faire dilater ou fermenter leurs semblables, que toutes les forces du monde. Il y a manière de prendre chaque chose. Un poids, que des puissances énormes ne pour-

DE L'ÉLECTRICITÉ.

Pourquoi les Liqueurs s'électrisent.

Corps qui ne s'électrisent que par communication.

roient soulever, se soulevera sans difficulté si on mouille un cordage. Ainsi de petits tourbillons, qui sont en équilibre avec d'autres tourbillons, sont le meilleur moyen qu'on puisse avoir pour faire impression sur ceux-ci. Et dans le cas dont nous parlons, quand l'impression est faite, l'électricité des métaux est la plus constante & la plus forte. C'est que les métaux sont mieux pourvus d'atmosphères; & que ces atmosphères ont plus de consistance, parce que leurs élémens sont plus compactes, & qu'ils fournissent plus de matières en se dilatant.

D'autres qui ne le font que par frottement. Enfin s'il y a certaines matières, comme les gommes, les résines, les graisses, &c., qui ne s'électrisent point ou presque point par communication, tandis qu'elles le font étant frottées; c'est qu'apparemment leurs atmosphères sont trop claires ou trop rares pour recevoir la fermentation. Leurs parties n'étant pas assez contiguës, la propagation du levain y est interrompue: au lieu que quand on les frotte, on rapproche ces mêmes parties, on les rend plus contiguës, on échauffe l'atmosphère l'atmosphère intérieure, qui est obligée de se dilater & de se jetter en dehors.

DE L'ELECTRICITÉ.

Si avant que d'électriser un corps, on répandoit dessus plusieurs particules, par exemple, de son de farine; ce corps alors sans doute, en jettant son atmosphère, renverroit plusieurs particules de ce son : mais d'autres parties demeureroient collées contre sa surface, ne fût-ce qu'à cause de la matière qui rentre dans ses pores, comme on l'a dit plus haut.

Il faut remarquer, par dessus toutes choses, que tous ces spectacles durent peu de tems. Toutes ces atmosphères violentées tendent à se remettre dans les pores des corps : ou bien, l'air condensé qui les environe manque enfin de les contenir; ou bien, elles se trouvent consumées par les feux qui y naissent. Ce sont, pour ainsi dire, des jeux d'un moment; des jeux de la Physique qui tombe en enfance; des jeux où il n'y a rien à profiter, ni pour le particulier, ni pour le public, & dont il n'y a rien à espérer pour la perfection d'aucune science utile.

Peu de durée de l'Electricité.

Et nulle utilité.

L

XI.

Des Phénomènes des Tuyaux Capillaires.

DES TUYAUX CAPILLAIRES.

J'Ai assez parlé d'atmosphères, de leur structure, de leurs molécules, de leur densité & rareté, & de leur équilibre avec l'éther, pour donner encore l'explication d'un autre phénomène qui ne cause pas moins d'étonnement que celui de l'électricité; puisqu'il a fait croire à quelques-uns qu'outre les loix des méchaniques, la Nature en observoit encore quelques autres, & qu'il falloit renoncer à l'espérance de tout réduire à des idées claires.

Les Physiciens dont je parle ont un admirable penchant pour l'introduction de ces nouvelles loix. Ils sont toujours prêts d'en venir là. Dès que leurs principes manquent de leur fournir l'explication méchanique de quelque effet, ils croient volontiers qu'il n'en a pas ; & ils sont d'abord tout disposés à se faire une science qu'ils

DES PETITS TOURBILLONS. 243

n'entendent point. Voici les faits dont il s'agit.

Si des deux branches d'un tube recourbé l'une est capillaire & l'autre fort large, & si elles contiennent quelque liquide ;

1°. Le vif-argent, dans la branche capillaire, demeure au dessous du niveau : toutes les autres liqueurs le surpassent. Deux faits qui semblent également contraires aux principes de l'hydrostatique.

2°. Des liqueurs qui s'élèvent au-dessus du niveau, les plus pesantes sont celles qui s'élèvent le plus haut. Nouveau sujet d'admiration.

3°. Quand le bout d'un tube capillaire droit touche seulement la surface d'une liqueur, le plus légèrement qu'il est possible, sans y être plongé ; cette liqueur, pour cela seul, y monte. Surcroît d'étonnement.

4°. Enfin, si tenant un tube capillaire droit perpendiculaire à l'horizon, on laisse couler, par exemple, une goutte d'eau le long de sa surface extérieure ; cette goutte d'eau arrivée au bout, au lieu de s'y arrêter ou de tomber, remonte par le dedans du tu-

DES TUYAUX CAPILLAIRES.

Faits qui surprennēt dans ces Tuyaux.

L ij

be. Voilà le comble du merveilleux.

Mais fût-il encore plus merveilleux, ce n'est pas de quoi faire abandonner des principes démontrés, ni de quoi introduire des qualités occultes. Si l'on ne peut aujourd'hui concilier ces phénomènes avec l'hydrostatique; on le pourra demain. Ces faits ne paroissent pas dépendre de ce que nous démontrons sur les liqueurs : ils en sont peut-être des conséquences des plus légitimes & des plus justes; mais nous n'y regardons pas d'assez près. Enfin nous fût-il impossible de jamais expliquer ces effets, cela ne nous autorise nullement à supposer un nouveau genre de causes, dont la ridicule obscurité égale pour le moins celle des faits. Celle-ci, qui ne dépend pas de nous, ne nous déshonore point : mais celle-là, que nous imaginons, & de laquelle nous nous enveloppons nous-mêmes, fait la honte de l'esprit humain.

Dans l'hypothèse que nous expliquons, tous ces embarras disparoissent. Selon cette hypothèse, ces phénomènes n'ont rien de contraire aux principes reçus : & l'explication qu'elle en donne est si naturelle & si simple, que les autres sistêmes ont à se disculper de la difficulté qu'ils y trouvent.

Les atmosphères des parois intérieurs d'un tuyau capillaire y sont tellement rapprochées, qu'elles composent ensemble un liquide qui peut être d'une densité à exclure l'air du tube. Ce liquide qui remplit le tube, consistant en petits tourbillons comme tout autre, sera d'un certain ordre; & se trouvera propre à être entraîné ou admis, soit par les tourbillons principaux, soit par les subalternes des liqueurs qu'on peut mettre dans le tube. Un liquide entrant donc dans le tube, ses petits tourbillons s'empareront de ceux de l'atmosphère; ou en un mot, ils se mêleront. Ainsi l'atmosphère sera exempte de sortir de ce tube. Elle fera corps avec la liqueur qui se trouvera gonflée d'autant, & qui sera ainsi contrainte de passer le niveau; parce qu'elle pesera moins, à volume égal, que celle de l'autre branche qui est toute pure.

Le liquide le plus pesant monte le plus haut; parce que le plus pesant perd davantage de poids en se mêlant avec celui du tube.

Plus le tube est étroit, plus la liqueur y monte; parce que l'atmosphère y est plus dense, & gonfle davantage la liqueur.

Si le vif-argent demeure au dessous du niveau, c'est qu'il est tout hétérogène à l'égard du liquide du tube, & qu'ainsi en entrant il le pousse devant lui. L'atmosphère ainsi condensée comprime le vif-argent; ce qui fait que, sans atteindre au niveau, il pése autant que celui de l'autre branche.

Plus le tube est étroit, moins le vif-argent monte; parce que l'atmosphère y est plus dense, & résiste davantage au vif-argent.

En un mot quand les liqueurs s'élèvent dans le tuyau, l'atmosphère du dedans garde sa place; & la liqueur mêlée avec cette atmosphère, devenant dèslors plus légère, est obligée de passer le niveau pour peser comme celle de l'autre branche. Au lieu que quand le mercure entre, l'atmosphère se retire pour lui faire place, & en se retirant bande ses ressorts qui tiennent le vif-argent plus bas.

A toucher seulement le bout du tube à la superficie d'une liqueur, sans l'y plonger, on voit que la liqueur y monte ; c'est que la partie de la liqueur correspondante à l'orifice du tube, se gonfle à la rencontre de l'atmosphère. Ce qui s'explique de la sorte :

Quand le tube touche seulement l'eau, l'atmosphère qui avance un peu y est déja mêlée. Celui des ordres de la liqueur qui est de grandeur à s'emparer des petits tourbillons de l'atmosphère du tube, commence donc à les entraîner. Cet endroit de la liqueur en ayant pris, les environs en prennent de lui ; ce qui le met en état d'en reprendre de nouveau. Cet endroit de la liqueur se gonfle, & le voisinage même, un peu à la ronde. Cet espace devenu plus léger se trouve donc soulevé par tout ce qui l'environne, & monte dans le tube.

La plus pesante liqueur y monte davantage ; & plus le canal est étroit, plus elle monte, comme on vient de le dire.

La goutte d'eau qui coule le long

DES TUYAUX CAPILLAIRES.

du tube sur la surface extérieure, & qui étant arrivée au bas remonte par le dedans, se comporte ainsi pour deux raisons. La première est que cette goutte d'eau étant arrivée au bas du tube, s'y trouve située entre deux liquides, sçavoir, l'air extérieur ou l'éther, & l'atmosphère du dedans du tube; dont l'un la comprime, sans s'y mêler; l'autre ne la comprime pas, parce qu'il s'y mêle. Ce qui fait que la goutte entre dans l'atmosphère, & qu'on la voit monter dans le tube. La seconde est qu'en se mêlant ainsi, elle se gonfle nécessairement; ce qui contribue à l'allonger, c'est-à-dire encore, à la faire monter. *

Tout ceci s'exécute sous le récipient de la machine du vuide comme en plein air. Aussi n'ai-je pas besoin de l'air pour les explications que j'en donne. On voit même que ceci confirme ce que j'ai dit ailleurs, sçavoir, qu'elles sont en équilibre avec la matière éthérée.

* Voyez ce qu'on a dit, dans l'article de l'Air, de la manière dont les vapeurs montent dans l'Air.

REMARQUES

Sur quelques-uns des Usages expliqués au Mémoire précédent, & sur différens autres de la même Hypothèse.

QUELQUES-UNS des usages expliqués au Mémoire précédent, & plusieurs autres qu'ont découvert les Physiciens modernes, semblent démontrer non seulement la possibilité, mais l'existence de ce sistême. Je sçais que le préjugé commun veut qu'une opinion de Physique, à quelque perfection qu'on la porte, n'excéde jamais la probabilité. Une raisonnable vraisemblance, c'est tout ce qu'il est permis d'espérer. Voilà la décision : voilà, d'un seul mot, les limites réglées entre le possible & l'impossible. Mais on a toute liberté de douter de l'infaillibilité de tels oracles : on ne tient plus grand compte de la gravité de ces sentences générales. Comme elles sont énoncées sans examen, on peut les recevoir sans respect; & l'on retombe enfin dans la maxime commune, que pour juger solidement de la légitimité d'un sistême, il faut le méditer sérieusement, & bien analyser ce qui le prouve.

Voici donc quelques raisons qui me portent à juger que le sistême *des petits tourbillons* passe la vraisemblance. Elles ne sont ni abstraites, ni composées, ni tirées de bien loin; & mes principes sont si évidens, qu'au lieu de m'amuser à les établir par des preuves inutiles, j'ai cru les devoir mettre en suppositions à la manière des Géométres.

SUPPOSITIONS, OU DEMANDES.

I.

Un sistême de Physique est censé expliquer tous les phénomènes de la Nature, quand il explique tous ceux dont les Sçavans se sont avisés de parler jusqu'ici.

II.

Quand deux ou plusieurs hypothèses donnent des explications méchaniques de tous les phénomènes, quoique l'une de ces hypothèses les explique plus simplement, plus élégamment, &c.; elle n'excéde pas, pour cela, la probabilité; & on ne la peut qualifier que de possible, comme les autres.

III.

Mais si l'une de ces hypothèses expliquant tous les phénomènes, les autres se trouvent défectueuses à l'égard d'un grand nombre, ensorte qu'on ne voie aucune manière de concilier ces hypothèses avec les phénomènes; alors celle qui les explique tous, est plus probable que les autres.

IV.

Enfin si on a une hypothèse qui explique méchaniquement tous les phénomènes, aucune autre ne le pouvant faire; ensorte que non seulement on ne voie pas comment d'autres hypothèses méchaniques pourroient expliquer certains effets, mais qu'on voie avec évidence que ces effets excluent tout autre sistême : alors cette hypothèse qui les explique, est *plus que vraisemblable.*

C'est qu'alors l'explication est non seulement bonne, mais unique : non seulement on n'en sçait pas d'autre ; mais on voit clairement qu'il ne peut y en avoir. Telle est, par exemple, l'explication qu'on donne aujourd'hui de l'arc-en-ciel. Elle est non seulement bonne, mais unique : on voit non seulement que cet arc & toutes ses circonstances sont naturellement expliquées par les réfractions & réflexions des rayons de la lumière dans les gouttes d'eau ; mais on voit que ce phénomène ne peut avoir d'autre cause, & on est sûr d'avoir atteint le vrai sistême de l'arc-en-ciel.

Or le sistême des petits tourbillons nous offre en sa faveur une multitude considérable de semblables explications ; des explications naturelles, non seulement bonnes, mais uniques : des explications, en un mot, qui excluent absolument tout autre sistême. Il ne suffit pas de le dire : il faut le montrer.

De l'Élasticité.
Des Loix du Choc.
De la Dureté.
De la Pesanteur des Liquides en tout sens.
De la Réfraction de la Lumière.
De la Réfrangibilité, &c.
Des Couleurs, & des divers Ordres de Petits Tourbillons.
Des Croisemens des Rayons de Lumière.
Des Mouvemens des Planètes; & Usage de la Fluidité de l'Ether.
De la Pesanteur; & Usage de l'Elasticité de l'Ether.
Du Flux & Reflux de la Mer, &c.

I.

DE L'E-LASTI-CITÉ. La cause primitive du ressort se découvre d'abord dans l'Hypothèse des Petits Tourbillons : mais nulle autre ne la peut donner.

DES PETITS TOURBILLONS. 255

DE L'É-
LASTI-
CITÉ.

Qu'un petit tourbillon soit comprimé, & soit contraint par cette compression de s'applatir ; on voit bien qu'il lutte incessamment contre la puissance qui le comprime ; & que si elle vient à cesser, il se rétablit tout de suite. Les corps, dont les parties sensibles ne consistent pas en tourbillons, ont des interstices entre ces parties que de petits tourbillons remplissent : & quand on plie par violence un de ces corps, on étrécit d'une part les interstices, & on les élargit de l'autre. Les petits tourbillons de celle-là sont donc applatis & gênés : & l'effort qu'ils font pour se rétablir, tend à rétablir le corps plié.

Or cette explication est non seulement bonne, mais unique. Car l'élasticité seconde ne se peut expliquer, sans en supposer une première. Celle-ci ne se peut expliquer, sans en venir à une matière qui soit élastique par elle-même. Et nulle matière n'a dans elle-même un principe de réaction constant & permanent, si elle n'est disposée en un ou plusieurs tourbillons. Tout autre principe seroit passager, puisqu'il n'y a de mouve-

DE L'É-
LASTI-
CITÉ. ment durable que celui qui rentre en lui-même.

II.

DES
LOIX DU
CHOC. Avec cette cause de l'élasticité, on peut expliquer méchaniquement les loix du choc : mais cette voie est aussi la seule pour en applanir les paradoxes. En voici quelques exemples.

Si l'on fait choquer directement un corps *A* contre son quadruple *B* en repos, les deux corps étant homogènes & parfaitement élastiques ; selon les régles du choc qu'on reçoit aujourd'hui, & qu'on ne s'avisera plus apparemment de remettre à la fonte,

1°. La force d'*A* étant distribuée en cinq parties, il en passe quatre dans *B*.

2°. Le ressort est pareillement bandé avec quatre.

3°. Le ressort, en se débandant, donne 4 en arrière au corps *A*, & 4 en avant au corps *B* : de sorte que *B* s'en allant avec 8, le corps *A* revient avec 3 ; ce qui fait onze de force existante, sans compter deux qui se sont détruits dans le corps *A*.

Or trois choses embarrassent dans cette règle. 1°. Ce choc a son effet représenté par 4 sur *B* qu'il meut : mais il a un pareil effet représenté par 4 sur le ressort qu'il bande. Voilà un double emploi de la même force.

2°. Ce ressort se bande successivement : donc, quand le bandement est arrivé à 3, il n'est plus pressé que par 1. Pourquoi donc attend-il pour se débander qu'il n'ait reçu le reste de cet 1 ? Ne faisoit-il pas équilibre dès qu'il en avoit 2 ? Il devoit donc, au premier tems suivant, se défaire du corps *A*.

3°. Enfin cette augmentation de force est étonnante en général : mais il est surtout étrange, en particulier, qu'un ressort bandé avec 4, en se débandant en donne 8 ; 4 à *B*, 4 à *A*.

Pour nous représenter l'impression qu'un choc fait sur deux corps, concevons une ligne de direction qui les enfile par les centres ; & dans tous les pores qu'elle traverse, supposons une file de tourbillons justement arrangés sur son chemin, & se touchant les uns les autres. S'il n'y avoit dans

DES LOIX DU CHOC.

3 Sujets d'embarras dans cette règle.

Réponse à la Ière. difficulté

les pores d'autres tourbillons que ceux de cette file, on concevroit sans peine que la percussion iroit directement d'un bout à l'autre, & qu'elle passeroit toute au second mobile par l'entremise de ces petits ballons. La première partie solide que l'on supposeroit frappée, peseroit, en s'affaissant, sur un petit tourbillon, & lui transmettroit l'impression qu'elle auroit reçue ; par quoi le tourbillon s'applatiroit, & la partie solide demeureroit affaissée. Le petit tourbillon applati transmettroit au suivant le même coup : de sorte qu'enfin le dernier de la file recevroit l'impression, comme s'il étoit le premier frappé. Voilà l'impression transmise, & le solide affaissé.

Si, pendant cet applatissement, une infinité d'autres tourbillons eussent rempli tous les pores, ceux de la ligne de direction se fussent pareillement applatis : mais allongeant alors leurs diamètres perpendiculairement à la direction, ils eussent aussi applati tous leurs voisins par leur propre force. L'impression directe passée, ces voisins se fussent détendus, les eussent contraints de raccourcir leurs diamètres, & de s'arrondir ; ce qui eût procuré une réaction qui eût rétabli le solide avec une force égale au premier coup donné : & c'est ce qui arrive en effet.

Le solide frappant s'applatit, & se rétablit tout de même ; de sorte que leur point de contact leur servant mutuellement de point d'appui, ils s'élancent également en sens contraire, chacun à ses propres frais, ou plûtôt aux frais des petits tourbillons dont la réaction les transporte.

Le ressort ne se bande donc pas aux dépens de la première force : celle-ci est l'occasion du bandement, mais non pas la cause. Les petits tourbillons ont déja en eux le mouvement qui les bande : il est de leur propre fonds. La moindre occasion extérieure le met en jeu ; mais il n'a besoin d'aucun aide pour quelque bandement que ce puisse être.

Mais, direz-vous, les petits tourbillons de la ligne de direction qui sont applatis du premier coup, sont bandés par ce premier coup. Non : le bandement d'un tourbillon ne consiste pas dans son applatissement, mais en ce que les parties qui le composent s'efforcent continuellement de lui rendre sa première figure ; effort qui est entierement de son fonds, qui étoit auparavant en lui, & auquel on ne fait par cet affaissement que donner une occasion de devenir sensible.

En un mot, la force qui affaisse les parties solides & les tourbillons, fait avancer le corps : cet affaissement fait partie de l'avancement même. La force propre des tourbillons fait qu'étant applatis ils se bandent eux-mêmes, c'est-à-dire, ils veulent se rétablir ; & leurs efforts ne pouvant incontinent avoir lieu, s'accumulent, pour ainsi parler, en attendant que la force directe ait fini de presser. L'affaissement, encore un coup, appartient à l'avancement, & vient de la force du choc : le bandement des petits tourbillons vient de leur force centrifuge, & leur est un effort purement intestin, si l'on peut parler de la sorte.

Ce n'est donc pas la force du choc, qui bande le ressort : il n'y a donc pas de double emploi de la même force.

Quant à ce que le ressort tendu ne commence à se débander que quand aucune force ne le presse plus, c'est qu'il ne peut commencer à se débander qu'en vertu de la force centrifuge des petits tourbillons, qui est *infiniment petite* au premier instant, & par conséquent moindre que la moindre force finie.

Réponse à la seconde difficulté.

On voit enfin que les augmentations de forces que les Physiciens remarquent, viennent encore de la méchanique des petits tourbillons. Ces augmentations dont on parle, compensent des diminutions qui arrivent par ailleurs; & sans ce moyen qu'a la Nature de se dédommager elle-même, il y auroit bien longtems que par les divers chocs, & par les contrariétés de direction qui s'y rencontrent, elle auroit absolument perdu une quantité finie de mouvement qu'on supposeroit que Dieu lui eût donné dans le premier instant.

Réponse à la troisième.

Mais les pores des corps remplis de petits tourbillons sont comme autant de réservoirs de forces, où la Nature trouve des ressources pour réparer les pertes faites dans les chocs : & cela

DES LOIX DU CHOC.

sans altérer les fonds de la multitude infinie de ces petits magasins sans cesse entretenus par les forces centrifuges, qui sont aussi renouvellées sans cesse, & qui ont un principe d'immortalité, si l'on peut s'exprimer de la sorte, dans le mouvement circulaire.

Perpétuité du mouvement des Petits Tourbillons.

La géométrie démontre qu'un tourbillon composé faisant équilibre avec ses semblables dont il est comprimé, & qu'il comprime avec une force finie, ne perd de son mouvement circulaire qu'un infiniment petit du premier ordre, en un tems fini; qu'ainsi ce mouvement ne peut s'affoiblir, je ne dis pas, d'une manière sensible, mais d'un affoiblissement fini, pendant toute la durée du monde; enfin que ce privilége est particulier au mouvement en tourbillon, puisque ni le mouvement en ligne droite, ni le mouvement en ligne courbe n'est durable, si la courbe ne rentre en elle-même.

Les Tourbillons sont l'ame du Monde.

C'est donc la circulation des petits tourbillons qui anime continuellement la Nature dans ses détails, comme celle des grands tourbillons l'anime en gros. C'est ce qui la met en état de fournir aux phénomènes des loix du choc : & ces merveilles des collisions que les expériences ont fait voir, qu'on a regardées longtems avec admiration sans en déterminer l'origine, en un mot qu'on a prises en quelque manière pour des effets sans cause, sont des effets d'une force centrifuge de petits tourbillons, qui étoit auparavant insensible, & qui dans l'occasion se fait sentir.

Quand les petits tourbillons d'un espace se balancent & sont parfaitement en équilibre, leurs forces centrifuges sont employées à ce balancement, & on ne les sent pas. Mais lorsque cet équilibre vient à se rompre, & qu'une occasion particulière divertit une partie de ces forces pour l'employer contre un solide ; on a dans ce cas un mouvement nouveau, c'est-à-dire, *nouvellement vû*. On dit alors que le mouvement est augmenté dans le solide : mais toute l'augmentation a consisté en ce qu'il est devenu sensible.

Quand, par exemple, les petits tourbillons renfermés dans les pores d'un corps, font équilibre avec leurs voisins; si on veut les laisser en cet état, leur force centrifuge sera employée à contrebalancer leurs semblables, & on n'en verra aucun effet. Mais si tout d'un coup quelque violence applatit le corps où ils sont, & les oblige à s'applatir eux-mêmes; dès que la pression sera finie, leur force centrifuge les rétablira, & se trouvera employée par accident contre le solide qui les renferme.

Ainsi donc les augmentations, les remplacemens, les diminutions de mouvement des corps sensibles après les chocs, viennent de ce que les forces centrifuges des petits tourbillons sont ou ne sont pas déterminées, par des cas particuliers, à s'exercer contre les solides.

Ce sont donc les petits tourbillons qui entretiennent, comme sous main, la méchanique des solides. Ceux-ci figurent diversement aux yeux du monde; ils jouent ensemble toute sorte de jeux: & ceux-là fournissent secrétement à la dépense. Les solides ne sont propres, ni à augmenter, ni à conserver le mouvement; ils ne sçavent

vent que le perdre : & à tous les chocs, les petits tourbillons sont obligés de mettre du leur. Mais ce qu'ils y mettent proprement ne leur coûte rien : ce qu'ils emploient de force centrifuge contre un solide eût été employé également à contrebalancer leurs semblables, sans qu'il en parût rien. Ainsi c'est toujours même dépense. La force centrifuge sans cesse renaissante est aussi sans cesse employée au balancement des tourbillons : & il lui est indifférent de s'épuiser ainsi dans l'obscurité, ou de le faire avec éclat dans un effet sensible.

Il semble que tout ceci jette du jour sur la théorie du mouvement; & que dans cette hypothèse des petits tourbillons, tout le merveilleux des loix du choc se réduise à des idées nettes. Mais il semble aussi que si l'on suppose toute autre disposition à la matiere, que celle d'avoir été divisée & subdivisée en tourbillons, on refasse de ces loix un labyrinthe. Car on ne sçait plus où prendre, ni des forces actuelles pour la production des effets qu'on voit dans les

M

chocs, ni des fonds capables de suffire à la continuité d'une telle dépense, ni un principe de perpétuité dans la provision de mouvement que la matière auroit une fois reçue; puisque dans toute autre disposition, avec les loix du mouvement qui subsistent aujourd'hui, elle auroit à tout moment perdu des forces, sans en regagner jamais.

III.

La cause physique *de la Dureté*, tant première que seconde, se déduit naturellement de l'Hypothèse des Petits Tourbillons : mais nulle autre ne la donne.

Comme l'élasticité première est supposée par la seconde, ainsi la seconde dureté suppose-t-elle la première, c'est-à-dire, un premier principe de solidité & de consistance dans les premiers composans des corps durs, en un mot, *des élémens de dureté*. Il est assez aisé de concevoir que ces élémens étant rapprochés, & se touchant en plusieurs points, une compression suffisante du milieu environnant peut en faire un solide, lequel résiste à la division & soit ce que l'on nomme *un corps dur*. Aussi y a-t-il déja long-tems qu'on sçait expliquer méchaniquement la dureté seconde. Mais ce n'est que depuis peu qu'on a trouvé l'explication de la première. Elle dépend de la forme des premiers composans; laquelle doit produire méchaniquement la dureté de ces petits corps, indépendamment de la compression qui fait la dureté seconde.

Lorsque dans un petit tourbillon, de quelque ordre que ce soit, il nage de petites particules qui n'ont pas la forme de tourbillons, elles sont rabattues vers le centre par la méchanique de la pesanteur; & elles y forment une masse centrale comme une planète, laquelle est retenue de toutes parts par son propre tourbillon, & a ainsi une consistance qui n'en suppose point d'antérieure, & qui par conséquent est elle-même un élément de dureté.

La formation de ces masses centrales est donc le premier pas de la

Nature vers la dureté. Voilà la dureté première, dont il est très-facile de déduire la seconde. Car non-seulement un petit tourbillon peut avoir une planète à son centre ; mais plusieurs autres des différens ordres dont il est composé peuvent être ainsi lestés : de sorte que dans toute sa capacité jusqu'à sa surface, il sera chargé de beaucoup de matière qui ne sera pas en tourbillons, & qui diminuera par-là même son élasticité.

De la dureté.

Cela supposé, si un certain espace, comme un pouce, ne contient que des tourbillons ainsi embarrassés ; il est clair que l'éther environnant, qu'on peut supposer plus élastique d'autant qu'on voudra, tombera sur cet espace de tout côté, qu'il le comprimera de telle sorte que les masses centrales qui circuleront aux superficies, & peut-être ailleurs, seront contraintes de se rapprocher & de se toucher en plusieurs points ; tandis qu'un peu de leur matière fluide ne se pouvant défendre de l'éther pur, à cause de l'inégalité des forces centrifuges, ira se mêler dans celui-ci, & favorisera les contacts par cette espèce de désertion.

Dureté seconde.

Les masses centrales embarrassées par leurs attouchemens, & pressées par le milieu environnant, deviendront peu à peu immobiles; tandis que la matière fluide de leurs propres tourbillons circulera toujours autour d'elles, hors les points de contact, & continuera de les presser dans tout le reste de leur surface.

Cet espace sera donc ainsi durci d'une dureté seconde; & voilà désormais un corps sensible qui résiste à sa division, & qui sera d'autant plus dur que ses premiers composans seront chargés de plus de masses centrales, qu'elles se toucheront en plus de points, & seront d'un plus petit ordre. Car plus l'ordre qui sert de base à un solide sensible, est petit; plus les principes en sont fins, plus les élémens en sont enfoncés, si je puis le dire; plus la tissure en est serrée, & plus est difficile à vaincre la force du milieu comprimant, qui étant aussi du même ordre a sa force centrifuge bien plus grande.

C'est-à-dire, que toutes ces masses sensibles dont les parties composent ensemble un tout qui résiste à sa di-

DE LA DURETÉ. vision, & sont tellement liées entr'elles qu'elles ne se remuent qu'en une seule piéce; ces masses sensibles, dis-je, ne sont telles qu'à cause que les parties de leurs matières propres, n'ayant pas la forme de tourbillons, n'ont pas l'élasticité nécessaire pour se défendre de la force centrifuge de l'éther pur. Ce qui fait que celui-ci les concentre d'abord dans différens petits tourbillons, puis il pousse ces masses concentrées les unes vers les autres, & les colle ensemble en diverses quantités; ce qui en fait des corps durs.

Deux formes de corps. En un mot, dans tout le monde entier il n'y a que deux formes de matière, ou si l'on veut, il n'y a que deux matières: l'une est en petits tourbillons, & l'autre n'y est pas. La première est en général ce qui fait les fluides & les liquides: la seconde fait ces masses sensibles dont les parties tiennent toutes ensemble, & que l'on appelle des solides.

La force est dans les Liquides. On voit par-là l'erreur où l'on est à l'égard des solides, fluides & liquides. Car les fluides & les liquides n'apportant presque pas de résistance à leur division, & les solides en apportant beaucoup; on a coutume d'attribuer une grande force aux solides, & l'on croit au contraire que les fluides & les liquides n'en ont point. Cependant cette force des solides est précisément celle des fluides: & les solides ne nous paroissent solides que parce que leurs parties manquent de force. Car ç'a été parce qu'elles manquoient de force que l'éther pur qui est un fluide les a, en premier lieu, concentrées dans divers petits tourbillons; & en second lieu, les a contraintes de s'approcher les unes des autres, & de s'y tenir sans bouger. Ainsi donc les solides ne sont que foiblesse; & toute la force est au contraire dans les fluides & les liquides. Ce sont les liquides & les fluides qui résistent à la division, à laquelle les solides nous semblent résister. Lorsque l'on parvient à les vaincre, c'est par les forces de leurs semblables qu'on a l'art d'employer contr'eux; & les parties solides sont entre ces deux parties dans une espéce de neutralité, toutes prêtes à se rendre au plus fort.

DE LA DURETÉ.

Les Solides ne résistent que par le moyen des Liquides.

M iv

DE LA DURETÉ.

Enfin si les fluides & les liquides ne résistent pas comme les solides à leur division, c'est par un effet de la force de leurs parties. C'est que les parties qui les composent étant également élastiques, c'est-à-dire, fortes; chacune d'elles a de quoi balancer les efforts de ses voisines: de sorte que rien ne la pouvant vaincre, ni la captiver auprès des unes plûtôt qu'auprès des autres, elle peut changer de voisinage avec facilité, & même avec une facilité d'autant plus grande que le fluide a plus de force. Ainsi, s'il y avoit un fluide qui fût infiniment élastique, ou qui ne contînt aucune particule qui n'eût la forme de tourbillon; ce fluide seroit dèslors infiniment fluide, & n'apporteroit nulle résistance à la séparation de ses parties.

Mais, ou je me trompe aussi infiniment, ou toutes ces explications ne se peuvent déduire que de l'hypothèse des petits tourbillons. Car étant démontré dans la métaphysique que le mouvement seul fait la force des corps, il faut que la force des solides procéde d'un mouvement, d'un mouvement aussi durable, aussi constant & aussi permanent que la solidité des solides. Or un tel mouvement ne se peut trouver que dans une matière divisée & subdivisée en tourbillons; puisque selon les loix des méchaniques tout mouvement, selon quelque ligne ou quelque direction qu'il se fasse, s'éteint nécessairement à la longue, hors le seul cas où il rentre en lui-même.

DE LA DURETÉ.

IV.

La perpétuité de ce mouvement intestin qui est le principe de la fluidité, de la liquidité, de l'élasticité, & de la pesanteur des Liqueurs en tout sens, ne se peut expliquer que dans l'Hypothèse des Petits Tourbillons.

DE LA PESANTEUR DES LIQUEURS EN TOUT SENS.

Cela est évident, sans autre preuve, après l'explication méchanique que nous avons donnée de la liquidité.

L'HYPOTHÈSE

V.

DE LA REFRACTION DE LA LUMIERE, &c.

L'explication qu'on a donnée, au Mémoire précédent, de la réfraction de la lumière, de la réfrangibilité & réflexibilité des diverses espèces de rayons, prouve non seulement la convenance, mais l'existence de ce sistême des Petits Tourbillons.

Difficulté d'expliquer la réfraction.

Tout ce qu'on a proposé jusqu'ici pour expliquer méchaniquement la réfraction de la lumière, la réfrangibilité & réflexibilité des diverses espéces de rayons, n'est, à parler naturellement, recevable qu'en attendant mieux. Dans les milieux où la lumière s'approche de la perpendiculaire, elle retarde son mouvement: cela met tous les sistêmes en déroute. Si l'approche de la perpendiculaire dénote un milieu plus facile, pourquoi la lumière s'y retarde-t-elle? Si ce retardement marque une difficulté, pourquoi la lumière s'approche-t-elle de la perpendiculaire? Et d'ailleurs par quelle méchanique les milieux les plus denses, comme on l'expérimente, sont-ils les plus faciles ? Comment la lumière une fois retardée reprend-elle sa vîtesse ? Pourquoi une espéce de rayons est-elle plus réfrangible ? Pourquoi plus réflexible ? Il est inutile d'alléguer la force, ou la foiblesse des rayons : car on voit que la même espéce se rompt toujours de la même manière, qu'elle soit forte ou qu'elle soit foible.

De grands Génies voulant résoudre toutes ces difficultés par d'autres sistêmes, se sont vainement tourmentés. C'est que le plus vaste Génie est malheureusement borné dans un mauvais sistême : mieux vaudroit un esprit inférieur avec un sistême plus heureux. L'hypothése des petits tourbillons présente ces solutions par elle-même. Si la lumière s'approche de la perpendiculaire, ce n'est pas facilité de milieu ; c'est foiblesse de ressort. L'éther de ce milieu est bien moins élastique que l'éther pur : & cette lâcheté de ressort qui détourne la lumière, comme on l'a dit, en retarde en même tems la propagation, qui se revivifie incontinent, pour ainsi dire, dans un milieu plus vif.

Les diverses espéces de rayons étant de différens ordres, se rompent différemment ; parce que l'élasticité d'un ordre diminue relativement plus que celle d'un autre, &c. Mais nul autre sistême que celui que nous développons n'est capable de concilier ces divers phénomènes : témoins les efforts inutiles d'un nombre infini de grands hommes, qui en d'autres matières ont mérité les applaudissemens de toute l'Europe.

Enfin cette conciliation dépendant, comme on le voit bien, des différentes affections du véhicule de la lumière dans les différens milieux, & la différence d'élasticité étant la seule affection qu'on puisse concevoir influer dans tous ces changemens ; il s'ensuit que ces phénomènes dépendent du ressort de l'éther. Le ressort de l'éther gît manifestement dans les petits tourbillons : donc ces solutions semblent prouver l'existence de ces tourbillons.

VI.

L'explication qu'on a donnée, au Mémoire précédent, de la diversité des couleurs, prouve l'existence de divers ordres de Petits Tourbillons.

Des divers ordres de petits tourbillons.

Car cette explication fait voir, 1°. qu'il y a un véhicule pour chaque couleur, dont l'élasticité & la promptitude de vibration est différente de celle de tout autre. 2°. Que chacun de ces véhicules est sans interruption dans toute son étendue, & qu'ils sont tous en même tems en tout lieu.

Or il n'y a qu'un seul & unique moyen de concilier toutes ces choses, qui est de supposer, premièrement, autant d'ordres de petits tourbillons qu'il y a de couleurs primitives ; en second lieu, que ces mêmes ordres ne sont pas extérieurs les uns aux autres, mais qu'ils sont au contraire tellement emboîtés que chaque tourbillon du plus grand ordre est composé de tourbillons de tous les autres ordres. Par-là les tourbillons du même ordre sont parfaitement contigus,

Autre preuve de ce sistême.

& tous les ordres sont au même lieu. Cela est évident de soi-même.

VII.

DU CROISEMENT DES RAIONS DE LUMIERE La transmission distincte de plusieurs rayons de lumière, qui se croisent précisément au même point de l'éther, prouve que la matière éthérée consiste en Petits Tourbillons.

Autre preuve de ce Sistême. Je suppose que plusieurs rayons, faisant différens angles entr'eux, concourent ensemble, & se vont croiser dans un seul & même point : & je dis que ce point ne peut être qu'un petit tourbillon. Il est clair qu'un petit tourbillon peut transmettre fort distinctement les actions diverses de ces rayons. Car en quelque endroit de sa surface qu'on le suppose pressé, on conçoit qu'à raison de son parfait ressort & de sa parfaite fluidité, l'endroit directement opposé en sentira le coup ; & voilà le rayon transmis.

Mais si ce point de croisement n'est pas un tourbillon, il fera ce que font les corps solides quand ils sont pousfés par deux forces : il tendra à décrire une diagonale ; de sorte qu'au lieu de transmettre distinctement plusieurs impressions différentes, il les confondra toutes ensemble, & en composera une seule qui ne suivra la direction d'aucun des rayons concourans.

VIII.

On ne peut, ce semble, douter de l'existence des Petits Tourbillons : mais on le pourra encore bien moins, si l'on fait attention à la manière dont cette Hypothèse nous justifie celle des Tourbillons de Descartes.

La forme de petits tourbillons composés de tourbillons plus petits sans pesanteur, qu'on donne à la matière éthérée, la rend *parfaitement fluide & parfaitement élastique* ; deux qualités qui nous mettent en main des explications naturelles de tous ces phénomènes célestes, à la vue desquels Mr. Newton se détermina autrefois trop précipitamment à renoncer aux mé-

DES MOUVE-MENS DES PLANETES.

chaniques, au lieu d'essayer de corriger & de rectifier le sistême de Descartes.

Quelques-uns ont voulu empoisonner le motif de Mr. Newton, disant qu'il trouvoit plus de gloire à être l'antagoniste que le continuateur de Descartes : mais je crois que tout homme sensé, & particulièrement un grand homme, est au dessus de cela. Quoiqu'il en soit, plusieurs autres Génies, plus amateurs de la vérité que de telle gloire, ont trouvé dans le méchanisme des tourbillons grands & petits de quoi résoudre toutes les difficultés du Géométre Anglois.

Messieurs de Moliéres & de Gamaches entr'autres, dans leurs *Astronomies Physiques*, ont applani toutes ces difficultés par des voies différentes.

Ière. manière de concevoir le Mouvement des Planètes. L'un suppose que le tourbillon solaire n'est pas exactement sphérique, ou qu'il est inégalement comprimé par les voisins. D'où il conclut que les couches éthérées qui emportent les planètes, dérogeant à la sphéricité, se peuvent mouvoir avec les vîtesses que demandent les régles de Keppler;

ce que des couches sphériques n'auroient pû faire.

L'autre retenant le tourbillon sphérique, & faisant mouvoir la matière comme le demandent les régles d'un tel tourbillon, fait voir que le mouvement des planètes peut être absolument indépendant de celui de l'éther; & que les globes célestes s'y peuvent mouvoir, comme s'ils étoient dans le vuide. Les planètes, dans cette supposition, pourront donc observer les régles de Keppler, quoique les loix du tourbillon sphérique ne permettent pas à l'éther de le faire.

Ces deux plans d'astronomie sont très-différens : on les peut voir dans leurs Auteurs. Voici encore une autre manière de concevoir les choses, qui fera aussi voir de plus en plus combien la Physique méchanique court peu de risque d'être gênée par les faits; & qu'on se fût mille fois plus éclairé en approfondissant les tourbillons, qu'on ne peut l'être par les deux chimères * qu'on nous veut donner à leur place. Je retiens le tourbillon sphérique ; & je fais voir qu'en conséquence de la pesanteur

DES MOUVEMENS DES PLANETES.

IIe. manière.

IIIe. manière.

* L'Attraction & le Vuide.

des globes célestes, & de la fluidité de l'éther, le mouvement translatif de celui-ci ne peut altérer sensiblement celui des planètes; & qu'ainsi on n'a aucun besoin de supposer le vuide pour les faire mouvoir dans leurs orbes selon les régles de Keppler.

USAGE

De la Fluidité de l'Éther.

Il n'est pas surprenant qu'une Planète ne se meuve pas comme l'Ether.

Le corps ou la masse d'une planète ayant une pesanteur, & un pareil volume de matière éthérée n'en ayant nulle; n'est-il pas naturel de penser que leurs circulations pourroient n'être pas les mêmes, & qu'il se pourroit faire qu'une planète décrivît une ellipse ou telle autre courbe, tandis que les couches de l'éther décrivent de simples cercles ? Remontons à l'origine des choses. Ne se peut-il pas faire qu'une planète, quand elle a commencé à circuler dans une couche éthérée autour du soleil, ait été en un lieu du tourbillon solaire plus élevé que sa pesanteur ne lui pouvoit permettre; de manière qu'en faisant peut-être une demi-circulation, elle se soit approchée du soleil de plusieurs couches, en accélérant son mouvement, ce qui aura changé son demi-cercle en une demi-ellipse; & qu'enfin à l'extrémité de cette demi-ellipse où est le périhélie de la planète, la pesanteur ait tant empiété sur la force centrifuge, que celle-ci aura prévalu à son tour, & aura relancé la planète le long d'une autre demi-ellipse, la contraignant de trop monter pour devoir encore trop redescendre, & ainsi de suite à l'infini? Enfin ne se peut-il pas bien faire que les accélérations de descente & les retardemens d'élévation de la planète, combinés avec le mouvement de la circulation, donnent précisément ces vîtesses que demandent les régles de Keppler? Il semble qu'il ne seroit pas étonnant (dans la supposition que je fais) que les vîtesses d'une même planète, dans différens points de son orbe, fussent entr'elles en raison inverse de ses distances au centre du soleil; c'est-à-dire, qu'une planète allât d'autant plus vîte qu'elle fût plus proche de cet astre.

Il ne faut pas craindre au reste de

voir finir ces oscillations des planètes: elles ont un principe de constance. Car le corps d'une planète pesant, & la matière éthérée ne pesant point, celle-là prendroit toujours, à raison de sa pesanteur, un élancement différent de celui de cette matière, qui lui feroit toujours excéder de part & d'autre les bornes du cercle.

Raison de la différence de leurs Mouvemens. Ce sont donc, pour ainsi dire, les contestations d'entre la force centrifuge & la pesanteur d'une planète, & les victoires alternatives qu'elles remportent l'une sur l'autre, qui font que ses circulations ne quadrent avec celles de l'éther, ni pour la vîtesse, ni pour la voie; & que ses vîtesses, en différens points de son orbe, sont en raison inverse des distances mêmes, & non pas des racines. C'est-à-dire, qu'il y a plus de différence entre les vîtesses d'une même planète à différentes distances du soleil, qu'il n'y en a entre celles des couches de l'éther par où elle passe, & que cet excès de différence vient des accélérations & des retardemens qui forcent, pour ainsi dire, la marche de la planète.

Enfin c'est la pesanteur de la planète, jointe à l'extrême fluidité de la matière éthérée qui est infiniment légère & déliée, qui rend son mouvement indépendant du mouvement translatif de cette matière. Si une planète n'avoit nulle pesanteur, on conçoit qu'il seroit nécessaire qu'elle suivît le mouvement translatif de la couche de l'éther où elle nage. Elle n'auroit pas de quoi s'en défendre : cela se voit assez de soi-même. Mais dès qu'on lui suppose une pesanteur, sa voie de circulation est déterminée indépendamment de celle de l'éther. Car quand bien même on supposeroit que la matière éthérée seroit détruite, on concevroit toujours que ces masses pesantes continueroient leurs circulations comme on l'a dit, & comme les Newtoniens le conçoivent dans la supposition du vuide ; puisque ces masses, ainsi que la matière éthérée, tirent leurs circulations chacune de son principe, & non pas les unes des autres.

Or c'est cette détermination de la circulation d'une planète que l'éther, à cause de sa légèreté & de sa fluidité infinie, n'est pas capable d'altérer par son transport; parce que la pesanteur du globe est une force étrangère à ce même transport, ce qui donne à la planète une roideur de mouvement & une solidité qui la rendent insensible aux flux de l'éther.

Des différentes latitudes où les planètes ont commencé à circuler autour du soleil, dépendent les inclinaisons de leurs orbites au plan de l'équateur solaire. S'il y a eu des comètes, comme on l'assure, dont les mouvemens particuliers ont été vérifiés rétrogrades; c'est que ces masses nouvellement entrées dans le tourbillon solaire, à cause de la roideur de leur détermination & de l'insensible résistance de l'éther, suivent leur ancienne tendance pendant quelque tems. Mais elles le perdent enfin à la longue, si elles demeurent chez nous. Au reste cette rétrogradation peut être d'autant plus longue, que l'éther au-dessus de saturne circule plus lentement, & que la grandeur du tourbillon solaire peut être telle, qu'à cause de la lenteur de sa superficie il ne puisse changer le cours d'une comète qu'après un très-long tems.

DES MOUVEMENS DES PLANETES.

Voilà donc la première loi de Keppler observée dans le plein comme dans le vuide. Mais quoiqu'une planète dans son orbe, ait dans tous ses différens points ses vîtesses en raison inverse de ses distances au centre du soleil; cela n'empêche nullement que d'une planète à une autre les vîtesses aux points correspondans, comme aux distances moyennes, aux aphélies, &c., ne soient entr'elles en raison inverse des racines des distances, comme la seconde loi le demande. Si cela n'étoit, les deux loix de Keppler seroient incompatibles en elles-mêmes.

Loix de Keppler observées.

Quand nous disons néanmoins que la fluidité de la matière éthérée est infinie, il ne faut pas croire que nous l'entendions dans la rigueur mathématique. Elle est extrême; mais non pas infinie. Et parce qu'elle n'est pas infinie, on ne peut pas dire aussi mathématiquement que cette matière n'ait aucune prise sur les planètes : il faut dire qu'elle en a une insensible. Et comme toute cause réelle, quelqu'insensible qu'elle soit, devient enfin sensible à la longue, comme des

Raison du mouvement des Apsides des planètes.

Des mouvemens des planetes.

secondes de tems recueillies chaque année donnent des journées entières après des siècles ; cette prise insensible de l'éther, quoiqu'on ne la sente, ni à chaque point de la révolution d'une planète, ni même dans la totalité d'une seule révolution, devient sensible après un nombre de révolutions entières. Car on trouve alors que l'ellipse ou l'orbe elliptique de la planète a un peu obéi au cours de l'éther, & qu'elle a un peu tourné, toute d'une pièce, selon l'ordre des signes. C'est-à-dire que l'imperfection, si petite qu'elle puisse être, de la fluidité de l'éther est ce qui fait mouvoir les apsides des planètes selon l'ordre des signes.

Preuve de l'existence de l'Ether.

Ce mouvement des apsides des planètes démontre l'existence de l'éther : car cette mobilité ne quadre point avec la supposition du vuide.

Le mouvement des nœuds des planètes principales, selon l'ordre des signes, se déduit aussi naturellement du méchanisme du tourbillon que celui des apsides, & prouve la même chose contre le vuide.

Je feins que le plan de l'orbite d'une

d'une planète principale quelconque est devenu solide ; & je vois qu'en ce cas la matière éthérée, qui circule parallélement au plan de l'équateur du tourbillon solaire, tend à élever la demi-ellipse du nœud descendant au-dessus de ce même plan ; ce qui avance ce nœud nécessairement selon l'ordre des signes. Mais ce même cours de matière éthérée tend pareillement à abaisser l'autre demi-ellipse sous l'équateur : donc elle fait aussi avancer l'autre nœud dans le même sens. Et comme ce qui arriveroit tout d'un coup à cette orbite devenue solide, est ce qui lui arrive insensiblement dans l'état où elle est ; on voit que le tourbillon explique simplement le mouvement des nœuds selon l'ordre des signes.

Il en seroit ainsi des nœuds de la lune & de ceux des autres satellites, si ceux-ci n'avoient, pour ainsi dire, affaire qu'au tourbillon de leur planète : mais comme ils tournent autour du soleil, en même tems qu'ils circulent autour de cette planète, ils se sentent de deux impressions ; dont la combinaison fait que les plans des orbites qu'ils décrivent ne sont pas des surfaces planes, que leurs routes sont extrêmement tortueuses & gênées, & que leurs nœuds sont rétrogrades. Car l'effet naturel de la circulation, par exemple, de la lune autour du soleil, si son mouvement particulier dans le tourbillon terrestre ne s'y opposoit, seroit de la faire circuler parallèlement au plan de l'écliptique. De sorte que cette cause se faisant sentir continuellement & constamment, la lune arrive à l'écliptique, à chaque demi-révolution, plûtôt qu'elle n'y seroit arrivée étant laissée à elle-même.

Les Cartésiens sont si accoutumés à joindre le mouvement de l'éther à celui des planètes, qu'ils ne font point assez d'attention que ces deux mouvemens viennent d'une cause commune, & non pas l'un de l'autre. On suppose naturellement, sans y penser, que l'éther emporte les planètes; & cette supposition, de pure inadvertance, répand ensuite de l'obscurité sur plusieurs phénomènes. Ce qu'on vient de dire du mouvement rétrograde des nœuds de la lune en est une preuve : mais en voici un autre exemple qui paroît aussi simple.

On demande pourquoi les satellites, ou planètes subalternes, tournent dans le même sens que les autres ? Et l'explication qu'on en donne prouve effectivement que l'éther laisse toute liberté à cette circulation des satellites ; mais non pas, qu'il en soit la cause. La vraie cause de cet effet se tireroit plûtôt de la circulation propre des satellites autour du soleil. Car si tenant un bâton par un bout, on veut avec un effort considérable le jetter loin de soi, & si cet élancement se fait de droit à gauche ; on voit que les deux bouts de ce bâton se devancent alternativement l'un l'autre, dans le même sens : & si l'un d'eux pése extrêmement plus, on voit que le bout léger ne cessera de circuler autour de l'autre, toujours dans le même sens. Il me semble voir la terre & la lune retenues dans le même tourbillon comme aux extrémités d'une même barre, & lancées ensemble par le soleil aussi loin qu'il a pu, de droit à gauche.

Il ne faut point chercher d'autre rai-

Pourquoi les Tourbillons des Planètes tournent dans le même sens que celui du Soleil.

Des mouvemens des planètes.

son de la révolution des tourbillons des planètes principales, & même de ceux des satellites dans le sens de celui du soleil.

La géométrie & l'expérience démontrent de concert qu'un corps qui circule librement dans un tourbillon sphérique, composé de petits tourbillons tels que nous concevons les nôtres, tend à y parvenir au plan de l'équateur, & qu'il circulera toujours paisiblement dans ce même plan si rien ne le force à changer. D'où il suit que si un tourbillon entraîne des matières hétérogènes, celles-ci aboutiront de toutes parts au plan de l'équateur, si aucune cause particulière ne leur marque une autre route. Et comme il est à croire qu'aucun tourbillon n'est assez parfaitement épuré, pour être absolument exempt de toute matière hétérogène ; on voit qu'il n'y a point de grand tourbillon (car il ne s'agit maintenant que des grands) dont l'équateur ne soit un peu mêlé. Celui d'un grandissime tourbillon peut l'être davantage, parce qu'il y a une plus grande étendue à lui fournir. Ainsi, par exemple, l'équateur du tourbillon

Raison de la Lumière Zodiacale.

solaire doit contenir beaucoup de ces matières ; & voilà ce qui réfléchit cette lumière que l'on appelle *zodiacale*.

De même le tourbillon de Saturne, non-seulement à cause de sa grandeur, mais à cause du froid qu'y produit l'énorme éloignement où il est du soleil, peut avoir le plan de son équateur épaissi d'un brouillard fort dense, qui, en nous renvoyant la lumière du soleil, nous fasse voir ce fameux anneau qui a tant fait de bruit.

On ne peut voir les mêmes phénomènes dans les autres tourbillons, parce que faute des conditions dont on vient de parler, ou ils n'ont pas assez de ces matières, ou ils ne les ont pas assez denses.

Au reste je ne vois rien de si propre que cette tendance des matières libres vers l'équateur d'un tourbillon, pour expliquer naturellement la figure d'une planète. Car avant que la terre, par exemple, fût devenue si dure, tandis qu'il restoit quelque liberté aux particules qui la composent, on voit que ces particules tendoient plus vers l'équateur que vers ailleurs. Ainsi il n'est pas étonnant que le diamétre de

DES NOUVE-MENS DES PLA-NETES.

Raison de l'Anneau de Saturne.

Raison de la Figure de la Terre.

l'équateur soit tant soit peu plus long que l'axe. Il faut même croire que les planetes, au lieu d'être insensiblement applaties vers les poles comme elles le sont, auroient été très-sensiblement plates, si la cause de la pesanteur n'avoit agi également de toutes parts, & n'avoit ainsi empêché la tendance des parties hétérogenes vers l'équateur d'avoir plus de lieu qu'elle n'en a eu.

Expérience qui prouve tout ceci. Si une boule creuse & bien transparente, remplie d'eau mêlée d'une certaine quantité de limaille de fer, tourne rapidement sur son axe; on voit que toute la limaille de fer gagne l'équateur de ce fluide, & on a ainsi une preuve sensible de tout ce que nous venons de dire. On voit même assez qu'il est naturel qu'un corps circulant, c'est-à-dire, tâchant incessamment de s'éloigner d'un centre, affecte la situation où il puisse décrire le plus grand cercle.

Raison du Parallélisme de l'Axe de la Terre. Enfin l'axe de la terre garde son parallélisme, parce que les deux poles de ce globe, ayant autant de mouvement l'un que l'autre, se doivent mouvoir avec la même vîtesse, & faire par conséquent autour du soleil autant de chemin l'un que l'autre; ce qui ne se peut faire, à moins que l'axe ne demeure parallèle à lui-même.

Mr. de Molières attribue le parallélisme de l'axe de la terre à ce que la matière éthérée circule plus vîte entre la terre & le soleil qu'au-dessus de la terre; & cette différence de vîtesse, dit-il, dans l'espace d'un an fait faire un tour entier à la planète contre l'ordre des signes : ce qui tient son axe parallèle à lui-même.

Mais puisque les vîtesses des couches de l'éther ne sont entr'elles en raison inverse que des racines de leurs distances, & non des distances mêmes, & que le diamétre terrestre n'est rien en comparaison de sa distance au centre du soleil; on voit que cette différence de vîtesse qu'allégue Mr. de Molières, est presque insensible & comme nulle. Et si l'on a égard ensuite à ce que nous avons dit de la fluidité de l'éther, qui lui ôte toute prise sensible sur une planète; on verra que cette trop légère inégalité de vîtesse n'est pas capable d'un tel effet.

Comme néanmoins toute cause réelle, quelqu'insensible qu'elle soit, devient sensible à la longue ; & comme cette inégalité de vitesse, mathématiquement parlant, n'est pas cependant nulle, elle doit être capable de quelque effet dans la suite des tems. Aussi en a-t-elle un : le voici. Elle outre tant soit peu le parallélisme de l'axe de la terre, & produit cette vacillation contre l'ordre des signes que les Astronomes ont remarquée, & qui est la véritable cause de la précession des équinoxes.

USAGE

De l'Élasticité de l'Éther.

Les Cartésiens d'aujourd'hui démontrent encore que, vue l'élasticité qui résulte de la forme qu'ils donnent à l'éther, on n'a aucun besoin de l'attraction pour expliquer ni la pesanteur, ni quelques phénomènes qui en dépendent, soit dans le ciel, soit sur la terre.

Il y a cette différence entre le tourbillon simple & le tourbillon composé d'autres tourbillons, que les parties de la matière qui circule dans le simple n'ont d'autre force centrifuge que celle qui naît directement de la circulation générale; au lieu que les parties qui circulent dans le tourbillon composé, étant elles-mêmes des tourbillons, tirent une seconde force centrifuge de la compression de leur propre ressort; une troisiéme, de la compression de celui des petits tourbillons qui composent les leurs; une quatriéme, &c.

Un tourbillon sphérique, c'est-à-dire, également comprimé de toute part, se peut considérer comme dans une sphère creuse dont il presse à tout moment la concavité, laquelle s'oppose aussi continuellement à l'effort qu'il fait pour se dilater.

Il est clair que l'effort continuel que fait le tourbillon pour se dilater, presse toujours perpendiculairement la concavité de la sphère creuse : car les parties mêmes qui la frapperoient avec des directions obliques, ne pourroient néanmoins la presser que par ce qu'il y auroit de perpendiculaire dans leur mouvement à son égard; puisque selon les loix du mouvement composé, un plan frappé obliquement par un mobile, n'est pressé que de la partie du mouvement de ce mobile qui est perpendiculaire à ce même plan.

Or la géométrie démontre que tous les points de la concavité de cette sphère creuse sont également comprimés, ou qu'ils ont à soutenir des efforts égaux pour retenir le tourbillon dans ses bornes. C'est-à-dire que tous les efforts centrifuges d'un tourbillon sphérique, perpendiculaires à sa surface, sont tous égaux; & qu'ainsi un tourbillon sphérique est également fort de toutes parts. Mais ce n'est pas de cela que nous avons besoin.

Considérons les efforts centrifuges perpendiculaires à la surface, dans un tourbillon composé bien sphérique. Ce que nous avons dit jusqu'ici de la pression de la sphère creuse par la dernière couche du tourbillon, se doit entendre de la pression de cette dernière couche par sa prochaine inférieure; & ainsi de suite jusqu'au centre. Donc dans toute la capacité d'un tourbillon également comprimé de toute part, il y a un effort continuel qui tend du centre à la circonférence dans les directions des rayons, & qui est parfaitement égal dans toutes ces directions.

Mais on voit aussi que ce même effort est prodigieusement plus grand dans le tourbillon composé que dans le simple : on voit pareillement qu'à raison de l'élasticité du tourbillon, l'effort centrifuge est suivi d'une réaction centripéte égale à l'action. Donc toute la matière du tourbillon pése alternativement, & sans cesse, du centre vers la surface & de-là vers le centre.

Dans le cas de la pesanteur centrifuge, tous les efforts se bandent : dans celui de la pesanteur centripéte, tous se détendent. L'effort centrifuge est soutenu par la résistance de la sphère creuse : & c'est cette résistance ou ce soutien qui fait bander les ressorts, c'est-à-dire, qui fait applatir les petits tourbillons, ou fait du moins qu'ils tendent à l'être. C'est pourquoi ceux-ci ne peuvent manquer de se presser aussi collatéralement les uns les autres.

L'effort centripéte, au contraire, n'est soutenu de rien. Les ressorts se débandent librement, & la matière reflue vers le centre dans la direction de chaque rayon, & sans effort collatéral.

Divisons maintenant par la pensée toute la matière de ce tourbillon en une grande multitude de pyramides égales, toutes ayant leurs sommets au centre; & supposons qu'en un lieu déterminé d'une de ces pyramides il se trouve une masse solide, dont les parties ne consistent point en petits tourbillons, & qui par-là ne soit pas élastique comme un pareil volume de ceux-ci. Il est bien évident que cette masse, quand le tourbillon se dilate, ou quand toute la matière du tourbillon s'éloigne du centre, monte aussi elle-même tant soit peu : mais n'ayant de soi de force centrifuge que comme dans un tourbillon simple, elle cause un défaut d'équilibre entre les pyramides de l'éther; & l'effort des collatérales gagnant autour & par-dessus, elle se retrouve aussitôt au lieu où elle étoit d'abord.

Mais la réaction du tourbillon survenant en même tems, la portion de pyramide d'au dessus de cette masse le débande contre elle, celle de dessous ne la soutenant point, (car tout retombe alors vers le centre); & elle est obligée de descendre autant que la matière du tourbillon, sans avoir pu monter comme elle. De sorte que ce jeu se répétant une infinité de fois dans le moindre mouvement, la masse sera abaissée jusqu'au centre en un tems fini.

Mr. de Molières, en expliquant le principe de la pesanteur, ne tient aucun compte de la réaction de l'éther; & il attribue tout ce phénomène à la seule action. Il est bien vrai que l'action, si elle pouvoit être sans réaction dans un tourbillon composé, feroit un commencement de pesanteur, non pas une pesanteur complette, ou telle qu'il en est une: mais cette réaction n'est pas arbitraire. On la suppose nécessairement, dès qu'on fait le tourbillon élastique. Et si Mr. de Molières a cru expliquer sans elle la pesanteur, c'est qu'il l'a employée sans la distinguer, & sans s'appercevoir qu'il l'employoit.

La cause complette de la pesanteur consiste donc dans *l'action* & la

DES MOUVEMENS DES PLANETES. réaction de l'éther: dans son action centrifuge, & sa réaction centripéte. Aussi Mr. de Gamaches a-t-il bien analysé ces deux causes dans son Astronomie Physique, & fait voir que cette réaction étoit le principe de plusieurs effets que les Cartésiens expliquoient mal, faute d'avoir fait cette attention.

Raison de l'élévatiõ de Jupiter quand il passe sous Saturne. Nous avons un magnifique exemple de cette réaction de l'éther dans le mouvement de jupiter, quand il passe sous saturne. Mr. Newton & les autres Astronomes ont observé & conviennent que, quand ces deux planètes se trouvent directement dans le même rayon vecteur, jupiter monte un peu, & s'approche de saturne. C'est qu'alors la masse de saturne se trouvant dans la pyramide qui doit réagir sur jupiter, intercepte une partie de sa réaction; & jupiter en pése un peu moins: ce qui fait que sa force centrifuge prévaut en ce moment, & qu'on le voit un peu monter.

Ici l'attraction newtonienne est en défaut: car cette attraction est réciproque; c'est le sistême de Newton. Ainsi saturne devroit aussi descendre vers jupiter. Mais les observations ne le disent pas : & les Newtoniens, qui triomphent de cet enlévement de jupiter, ont lieu d'être assez mécontens de cette immobilité de saturne.

La seule hypothèse des grands & petits tourbillons explique heureusement ce phénomène. Et quand on tient une fois le fil des causes, jamais un phénomène ne se développe sans répandre du jour sur quelqu'autre : on en peut donner pour exemple cette explication même. Cette cause que nous venons d'assigner pour l'élévation de jupiter, nous met le doigt sur la cause méchanique du flux & du reflux de la mer.

Jupiter semble fait pour la mer. Il y a longtems que ses satellites sont, pour ainsi dire, dans la marine ; & le voici lui même à-présent qui nous offre la cause naturelle du flux & du reflux. Car si saturne, en interceptant la réaction de l'éther, peut, comme on l'a dit, occasionner l'élévation de jupiter ; la lune peut avoir un effet semblable dans le tourbillon de la terre, puisqu'elle peut aussi par son volume intercepter la réaction de la pyramide qui presse la mer; par-là, ériger un promontoire dans le milieu de l'océan, & causer en conséquence ce qu'on appelle *un reflux*. La lune ayant passé, ce promontoire retombe; le flux s'ensuit, ainsi du reste: c'est-à-dire que les eaux de la mer, à l'occasion de la réaction interceptée dont on vient de parler, perdent de leur poids. En conséquence les eaux collatérales, & non pas la lune, les soulèvent. La terre se trouvant moins comprimée du côté de la lune, céde à l'impulsion de l'opposite, & change un peu de place. Les eaux de ce côté-ci restent en arrière, à cause que le centre des graves n'a pas suivi le centre de la terre.

Ni les eaux douces, ni les autres corps détachés du solide terrestre, ne sont enlevés comme la mer, faute de fluides pesans collatéraux qui les soulèvent hors de leur place.

Au reste, la terre étant ainsi continuellement déplacée, & la lune, qui en est l'occasion, répondant tantôt aux extrêmités, tantôt au milieu

DES PETITS TOURBILLONS. 305

de cette terre; il n'est pas surprenant que celle-ci éprouve des *vacillations*, des *titubations*, ainsi du reste; ni que les étoiles fixes paroissent avoir des mouvemens en latitude.

DES MOUVEMENS DES PLANETES.

Pour ne laisser après nous aucune difficulté touchant les applications que nous venons de faire de la fluidité & de l'élasticité de l'éther, il faut encore faire la remarque suivante.

Nous avons dit, en faisant usage de la fluidité de l'éther, que le mouvement translatif de ses couches n'étoit pas capable d'altérer la circulation des planètes, parce que les parties de l'éther, vue leur extrême délicatesse, &c. n'avoient point de prise sur ces masses: & nous venons de dire, en faisant usage de l'élasticité de l'éther, que de son action & de sa réaction dépendoit la cause de la pesanteur. Nous supposons donc que l'éther a beaucoup de prise sur les corps grossiers, après avoir dit qu'il n'en avoit point.

Objection.

C'est que quand nous avons dit qu'il n'en avoit point, nous l'avons attribué à la pesanteur des planètes, la-

* *Réponse.*

quelle venant d'une cause infiniment plus roide, si je puis le dire, que le mouvement translatif, rendoit les planètes insensibles à la très-légère impulsion des parties de l'éther: impulsion qui ne se mesure pas même par le mouvement translatif, mais par la différence de ce mouvement d'avec celui de la planète; ce qui peut n'être presque rien, surtout si l'on y joint l'extrême facilité avec laquelle les parties de l'éther peuvent obéir au solide, c'est-à-dire, au tourbillon qui l'enveloppe, le séparer à sa rencontre, & glisser tout à l'amiable tout-à-l'entour.

Mais la cause de la pesanteur doit avoir tout un autre effet. 1°. Les solides ne pèsent point préalablement à cette cause: donc ils n'ont en eux aucun principe qui les rende indépendans de son action, & ils demeurent pleinement sous ses coups.

2°. Cette action ne vient pas du transport, mais de l'élasticité de l'éther, dont la vivacité est à celle du transport comme un des grands tourbillons de Descartes est à un de nos petits.

3°. Dans le mouvement translatif

de l'éther, la matière qui devance ou remplace les planètes, ne fait que s'opposer d'autant ou à l'impulsion ou à la résistance de ce fluide, & empêcher ainsi de plus en plus l'effet de l'éther sur ces corps.

Mais dans la méchanique de la pesanteur, les parties qui pendant l'action gagnent le dessus d'une masse, la dépriment par leur ressort; & celles qui dans la réaction sont au dessus d'elle, la dépriment encore plus. Car ces dernières ne faisant point d'effort collatéral, ne tâchent point, pour ainsi dire, à devancer la masse, mais à la pousser devant elles de toutes leurs forces.

Étendue des usages de cette Hypothèse.

Après les explications dont on vient de parler, celles qui sont contenues au Mémoire précédent, & toutes celles qui en peuvent dépendre, que reste-t-il dans toute la Nature à quoi ne s'étende l'Hypothèse des Petits Tourbillons? N'est-ce pas plûtôt une Physique entière, que le développement de cette Hypothèse? Est-il à croire qu'un faux sistême soit d'une si grande fécondité? Un faux sistême peut

DES MOUVE-MENS DES PLA-NETES.

expliquer un phénomène particulier; il en expliquera peut-être plusieurs: mais jamais il n'enchaînera tous les effets. S'il en donne des explications, il y en aura d'isolées; elles ne feront jamais un seul tout: cela est réservé au vrai sistême. Ainsi puisque nous faisons voir que rien n'échape à l'Hypothèse des Petits Tourbillons, que les explications font un tout, comme la Nature est une; nous pouvons, ce semble, nous persuader que ce n'est plus une Hypothèse.

Mais nous en avons encore une meilleure preuve, en ce que nous faisons voir, non pas seulement qu'elle explique tous les phénomènes naturels, mais qu'il y a plusieurs phénomènes qui ne s'expliquent que par elle, qui décident pour elle exclusivement, & qui détruisent tout autre sistême.

RÉPONSE
A une Objection sur la Pesanteur.

Préjugé contre les Physiques expérimentales.

ENcore un mot d'éclaircissement avant que de finir ces Remarques. De célèbres Physiciens, séduits par de prétendues expériences, font une objection contre la méchanique à laquelle nous attribuons la cause de la pesanteur. Le spécieux nom d'*expérience* en impose à bien du monde. Peu de Philosophes sçavent distinguer ce que dit un fait d'avec ce qu'ils lui font dire. On est toujours préoccupé de quelque principe, sans qu'on le sçache; on porte partout la prévention, sans s'en appercevoir. Delà vient que tous les Philosophes qui se servent des mêmes expériences, car ils connoissent tous les mêmes faits, ne nous donnent cependant pas les mêmes Philosophies. Chacun qualifie la sienne de Physique expérimentale: mais il semble qu'ils aient observé différentes Natures. C'est qu'ils n'ont pas vu les mêmes phénomènes avec

Réponse à une objection sur la pesanteur.

les mêmes yeux. Nous avons des Physiques expérimentales qui démontrent le vuide. Nous avons des Physiques expérimentales qui prouvent l'impulsion & le plein. Nous en avons qui prouvent l'attraction. De toute part, tout est démontré par l'expérience. On ne fait plus de sistême : d'où vient donc la division ? Pourquoi différentes sectes ? C'est que ces Messieurs, qui refusent si hautement de faire des sistêmes, en ont secrétement de tout-faits, dont ils ne s'apperçoivent pas. Dans les points où ils se contredisent, il y a certainement du sistême : & dès-lors, n'en eussent-ils pas d'autres, combien n'en ont-ils pas ? Ils n'en veulent pas un : mais ils en ont mille.

* Tout le monde a des Sistêmes.

Il faut avouer que la diversité des Physiques expérimentales ne leur fait pas d'honneur. Si leurs Auteurs sont de bonne foi, ils ajoûtent du leur à l'expérience, sans le vouloir; & ainsi cette méthode de procéder par la seule expérience, est une manière de philosopher des plus défectueuses; puisqu'elle méne à l'erreur d'une manière si adroite, que des gens clairvoyans ne sentent jamais quand ni comment ils sont séduits.

A cette cause secréte d'illusion, il s'en joint plusieurs autres qu'on remarque dans les procédés des Physiciens dont je parle : on peut les réduire à trois classes. 1°. Ils tirent trop de conséquences du même fait. 2°. Ils font des expériences trop composées. 3°. Ils ne discernent pas les questions qui se peuvent décider par l'expérience, de celles qui ne le peuvent pas.

Réponse a une objection sur la pesanteur.

3. Défauts de la méthode de procéder par les seuls Faits.

En tirant trop de conclusions d'une expérience, on en tire qui ne sont pas directes, qui ne sont pas nécessaires, qui sont trop étendues; & c'est alors qu'on donne du jeu à ses propres préjugés. En voici un exemple que tout le monde a vu. De la suspension du mercure dans le tube vuidé d'air, les premiers Cartésiens avoient conclu que l'air extérieur en pressoit l'orifice, avec une force égale au poids du vif-argent. La conséquence étoit légitime. Mais ils étoient si prévenus contre les dogmes péripathétiques, qu'ils en voyoient la fausseté partout & en tout lieu : & ils tirèrent encore de ce même fait, que cette pression étoit l'effet du poids

Ier. Défaut.

de l'air. Cette seconde conséquence est de trop; & montre que quand on a bonne envie, on voit partout ce qu'on aime à voir.

IIe. Défaut.

Les expériences trop composées sont pareillement une source d'erreur. Je m'explique, & je distingue deux sortes d'expériences. Il y en a de *simples*, & de *composées*. Les solides & les matières grossières pèsent vers la terre: voilà une expérience simple. Mettez ensemble telles & telles matières, tant de celles-ci, tant de celles-là; faites-les chauffer, froidir, fermenter, & le reste; & vous verrez un tel effet: voilà une expérience composée. Les expériences simples ne trompent personne: mais ce sont aussi presque les seules auxquelles on se puisse fier. Les expériences composées n'ont pas le même avantage: il y entre nécessairement des choses inconnues qui influent dans le résultat d'une manière insensible, & sans qu'on sçache qu'elles y influent. Les conséquences qu'on en tire, & qu'on attribue à telle cause, sont quelquefois les effets d'une autre. Enfin c'est n'avoir rien découvert, que d'avoir apperçu

apperçu que certaines choses mêlées ensemble produisent tel effet, sans sçavoir en quoi chacune d'elles y peut contribuer par elle-même.

C'est encore très-mal philosopher, que de croire que l'expérience puisse ou doive résoudre toute question. On découvre très-bien par l'expérience l'élasticité des corps : mais la cause de l'élasticité est indéterminable par cette voie. Il en est de même de la pesanteur, des causes des phénomènes généraux, de la forme des premiers composans, du plan général de la Nature, &c. L'expérience n'est pas compétente pour des résolutions de cette espèce. Il en est de même de toute question qui dépend de la connoissance de la matière éthérée : l'expérience n'y a point de prise. C'est qu'on ne peut faire des expériences que sur ce qu'elle n'est pas : on n'en peut pas faire sur ce qu'elle est. Quelques matières qu'on choisisse pour les expériences, de quelque façon qu'on les combine ; on ne représentera jamais l'état des petits tourbillons de l'éther. Et faute de les représenter, que peut-on conclure contr'eux d'une

RÉPONSE A UNE OBJECTION SUR LA PESANTEUR

IIIe. Défaut.

*expérience composée où il n'y a rien qui leur ressemble?

C'est cependant une telle expérience qu'on oppose à l'explication que le sistême des petits tourbillons donne de la pesanteur. On la peut voir amplement décrite dans les Leçons de Physique expérimentale de Mr. l'Abbé Nollet, Tome second, Leçon cinquiéme, Expérience quatriéme. En voici seulement ce qui nous regarde.

Expérience sur la Pesanteur.

On fait circuler sur un axe paralléle à l'horizon un globe de verre bien transparent, rempli d'eau & d'un peu d'air. Pendant la circulation l'air, moins solide que l'eau, se ramasse autour de l'axe, & s'y tient comme un bâton. Donc si la pesanteur procédoit du mouvement en tourbillon, elle dirigeroit les corps vers l'axe, & non vers le centre de la terre.

Défauts de cette Expérience.

Cette expérience a deux défauts, par rapport à ce qu'on veut prouver; & ces deux défauts, qui l'empêchent de représenter l'état d'un tourbillon composé de petits tourbillons de pur éther, l'empêchent aussi de rien prouver contre le méchanisme de ces tourbillons.

DES PETITS TOURBILLONS. 315

1°. Cette eau a une pesanteur, & l'éther n'en a nulle; & la direction de cette pesanteur de l'eau est perpendiculaire à l'axe du globe de verre.

<small>RÉPONSE A UNE OBJECTION SUR LA PESANTEUR</small>

2°. Le mouvement de l'eau dans ce même globe ne représente point le mouvement de la matière de nos tourbillons. Dans un tourbillon de pur éther, toutes les parties également éloignées du centre ont même vîtesse. Les parties de l'eau au contraire diminuent ici de vîtesse, depuis l'équateur jusqu'aux poles. Car elles n'ont que le mouvement du globe de verre, dont les poles se meuvent très-lentement, quoique l'équateur tourne très-vîte.

Examinons séparément ces deux différences; & voyons ce qu'elles peuvent produire l'une sans l'autre.

Puisque le mouvement de l'eau va diminuant depuis l'équateur jusqu'aux poles, la cavité du globe ne peut être également pressée par l'eau. A mesure qu'on approche des poles, elle l'est de moins en moins. *L'action* du centre à la surface, dont nous avons parlé ailleurs, va donc ici en s'affoiblissant depuis l'équateur jusqu'aux poles; & la *réaction* de la surface au cen-

<small>Nullité de cette Expérience.</small>

O ij

RÉPONSE A UNE OBJECTION SUR LA PESANTEUR

tre diminue aussi dans le même rapport : sans compter encore qu'en cette rencontre elle est plus foible que l'action ; car le ressort de l'eau n'est pas parfait comme celui de l'éther. Donc quand même l'eau ne peseroit point, *l'action* & la *réaction* du centre à la surface & de la surface au centre ne ramasseroient pas l'air au centre du globe. Car étant plus pressé par l'équateur & par les zones du milieu, il doit prendre une figure oblongue suivant l'axe ; cela est clair de soi-même.

Si l'on a maintenant égard à la pesanteur de l'eau dont la direction est perpendiculaire à l'axe du globe, on voit que les tendances axifuges & axipétes, que la rotation & cette pesanteur donnent à l'eau, rendent insensibles les forces centrales dont nous venons de parler, & achèvent d'alonger l'amas d'air suivant tout l'axe du globe.

Que peut-on donc conclure de-là contre la méchanique à laquelle nous attribuons la pesanteur ? Un tourbillon sphérique de matière éthérée presse tout son voisinage d'une égale force : la réaction est donc égale de tous

les points de la surface vers le centre. **RÉPONSE**
Ia matière éthérée ne pèse point : donc **A UNE**
il n'y a aucun effort dans ce tourbil- **OBJEC-**
lon, qui croise les forces centrales : **TION SUR**
donc les graves y sont dirigés par la **LA PE-**
pesanteur vers le centre. **SANTEUR**

L'expérience encore un coup, puisqu'elle ne peut représenter l'état de la matière éthérée, ne peut décider cette question. Et il seroit du discernement de ceux qui font des expériences, de ne pas tenter aux problêmes qui ne se peuvent résoudre par cette voie.

LETTRE

A MONSIEUR ***.

Monsieur,

La plus saine partie des Physiciens, **LETTRE.**
me dites-vous dans votre dernière Lettre, ne veut plus de sistêmes : ce qu'il y a de plus distingué dans l'autre partie fronde unanimement les Tourbillons ; & vous êtes surpris, ajoûtez-

vous, que je prenne la défense d'une cause qui est maintenant trop foible pour reprendre faveur.

Mais vous sçavez, Monsieur, que la régle pour admettre ou pour rejetter une opinion philosophique, n'est pas de voir si elle est en vogue ou si elle n'y est pas. Les plus grandes absurdités ont été en vogue; & les plus utiles vérités ont eu de la peine à s'y mettre. Les formes substantielles ont joui d'un applaudissement de deux mille ans; & la découverte immortelle de la circulation du sang a commencé par être sifflée. La vogue, après tout, va & vient. On n'a que trop vu de ces exemples qui déshonorent l'esprit humain, & font voir même que s'il est nécessaire que nos opinions soient de mode comme nos habits, un des plus surs moyens pour s'y trouver bientôt, est de suivre une idée qui n'y soit pas.

Je n'ai donc pas besoin de chercher un grand tour pour justifier le choix que vous me voyez faire. Voici tout naturellement les réfléxions que j'ai faites, quand j'ai voulu assembler mes idées, & me faire un corps de Physique.

La voie de l'expérience sans contredit seroit préférable à toute autre, si elle pouvoit atteindre à tout, c'est-à-dire, si tous les phénomènes étoient de son ressort : car les fautes où l'on tombe ordinairement en maniant l'expérience, se peuvent éviter. Mais cette méthode malheureusement est très-bornée. Les points les plus curieux de la Physique, les plus considérables, les plus essentiels, ne sont pas de sa compétence ; & ce qu'on cherche le plus à sçavoir ne se peut résoudre par cette voie. L'expérience peut m'apprendre, par exemple, que l'élasticité de tel corps est cause de tel effet : mais elle ne peut rien pour découvrir la cause de l'élasticité même, qui est néanmoins ce qui pique le plus ma curiosité, & ce qui est plus particulièrement de la Physique proprement dite. Il en est de même de la pesanteur, de la dureté première, de la vertu magnétique ; il en est de même généralement de toutes les causes ultérieures, de la forme des premiers composans, du plan de la Nature entière, &c. qui sont au fond les véritables objets de la Physique spéculative.

On voit avec peine dans les Auteurs de Physique expérimentale que tant de soins, de sagacité, de précautions, de fatigues, n'aboutissent à connoître que la superficie, l'extérieur de la Nature, si on peut parler de la sorte. On me fait voir un grand attirail d'instrumens & de machines; on fait de magnifiques préparatifs; on est d'un scrupule, d'une précision, d'une délicatesse sans bornes : & le tout, non pour contenter ma curiosité, mais pour la convertir en désespoir. Car on me mène précisément jusqu'au dénouement que je cherche; & quand je pense que mon Conducteur me va faire voir le jour, il m'abandonne, il me laisse tout net, & il n'a plus rien à me dire. On me fait voir que la pesanteur précipite tous les corps sensibles vers le centre de la terre ; avec quelle vîtesse ces corps tombent ; selon quel rapport ils accélérent leur chute; que les espaces parcourus sont entr'eux comme les quarrés des tems; que la pesanteur de tel corps influe dans tel effet, &c. Tout cela est effectivement bon à sçavoir. Mais, la cause de la pesanteur ? C'est ce que l'expérience ne me peut dire. Voilà néanmoins tout ce que je cherchois. Cela seul intéressoit mon esprit. Tout le reste n'est qu'échaffaudage, une assez ennuyeuse besogne que l'espérance de connoître quelque chose me faisoit entreprendre.

Je passe à un autre sujet, par exemple, à la réfraction de la lumière. L'expérience me montre le fait. Je vois le *sinus* d'incidence, le *sinus* de réfraction, le retardement ou l'accélération du mouvement qui porte la lumière : je vois ici l'approche ; & là, l'éloignement de la perpendiculaire. Mais, les causes physiques de ces effets ? C'est ce que l'expérience ne me peut montrer. La cause physique du mouvement des astres ? C'est ce que l'expérience ne peut montrer. La cause physique des loix du choc ? la cause de la pesanteur des liqueurs en tous sens ? la cause de la génération du feu ? la cause de ce qu'il y a de plus curieux & de plus intéressant dans la Nature ? C'est ce que l'expérience ne peut montrer.

Et qu'on ne dise point qu'à l'avenir elle le fera peut-être ; qu'il en est ainsi des découvertes. De celles de l'esprit, oui ; de celles de l'expérience, non. L'esprit humain, qui aujourd'hui a un sistême défectueux, en peut trouver un bon. Il peut découvrir ce qu'il ne voit pas. En fait de science naturelle, on ne peut lui assigner de bornes. Mais on peut assigner celles de l'expérience ; on voit manifestement ce qui est, ou ce qui n'est pas de son ressort. Sa portée est celle de nos sens. Des effets sensibles, quelques effets d'effets ; en un mot, une histoire naturelle, un peu raisonnée, si vous voulez ; voilà tout ce qu'on en peut tirer. La véritable Physique est l'affaire de l'esprit, les faits présupposés : car la Physique suppose d'abord l'histoire des effets ; puis, elle tâche de faire l'histoire des causes.

Si la Physique ne consistoit qu'à faire un catalogue des phénomènes naturels, & à connoître les effets ; assurément l'expérience seroit la seule bonne voie. Mais la Physique consiste à découvrir, non pas les effets, mais leurs causes. Celui qui sçait que l'aimant attire le fer ; que la lumière se rompt en changeant de milieu ; que le rayon s'approche de la perpendiculaire en passant de l'air dans l'eau ; que les couleurs sont diversement réfrangibles & réflexibles ; que l'air est élastique ; que le feu s'allume en tous lieux, & le reste : celui, dis-je, qui connoît ces choses, & toutes les observations les plus exactes & les plus belles, n'est pas pour cela plus Physicien que ceux qui ne les sçavent pas. Il est plus Naturaliste : il sçait plus d'histoire naturelle. Il a même une avance par devers lui, & une préparation faite pour devenir Physicien : mais il lui reste à le devenir. Il reste à découvrir les causes de ces effets, les causes ultérieures de ces causes, si elles en ont ; & pour tout dire, il reste à découvrir le plan dont ces causes sont des suites.

Qui doute qu'il n'y ait un plan de l'Univers, un sistême de la part de Dieu, dans lequel consiste la Nature ? La vraie Physique consiste à découvrir ce plan. Nulle explication n'est légitime, si elle n'en est une suite. Car en effet nul phénomène n'est tel qu'il est, qu'en conséquence de la manière dont le monde est bâti. Un autre dessein eût emporté d'autres effets & d'autres causes ; & une autre disposition eût été une autre Nature. Le monde présent est donc le sistême présent. Et la vraie Physique, encore une fois, consiste à découvrir ce vrai sistême. On ne peut même, ni se faire un ordre, ni étudier avec goût, sans vouloir remonter à l'origine des choses, & avoir quelque vue générale.

Mais comment découvrir ce sistême général ? Il est d'abord bien évident que l'expérience n'y peut rien. L'expérience nous peut fournir des faits particuliers, des faits détachés & indépendans qu'il s'agit de lier; des matériaux à mettre en œuvre, & desquels il faut faire un tout. Mais on sent bien que c'est à l'esprit à former ce total, & que l'enchaînement qui manque à toutes ces piéces doit être de génie.

En tout genre on passe aisément d'une extrémité à une autre. Avant Descartes on ne faisoit point assez d'expériences : on n'en faisoit pas même. La Physique ne consistoit qu'en un amas de pointilleries d'une Métaphysique Arabique, ou d'une Logique de la même espèce. Aujourd'hui on ne veut plus que des expériences: c'est un autre excès. On le croyoit autrefois Physicien, quand on sçavoit ergoter subtilement sur certaines entités abstraites: on croit l'être actuellement quand on a l'habitude de manier avec dextérité des instrumens & des machines. Comme si la Physique maintenant se devoit attraper avec la main, & comme s'il ne falloit plus, pour philosopher, qu'avoir des yeux & des oreilles!

Je ne dis pas qu'on ait tort de faire des expériences; on n'en sçauroit trop faire: on ne peut trop s'assurer des faits. Mais je dis qu'on a tort d'en faire, sans principes préalables & sans vues; sans un plan qui les lie ensemble; en un mot, sans un sistême clair, fondé sur les notions communes des méchaniques & du bon sens, qui apprenne à bien voir les faits, qui fasse bien discerner ce qu'ils disent, & qui nous garde aussi nous-mêmes de croire y voir ce qui n'y est pas.

Il ne faut pas se croire plus habile pour être environné de globes de verre, pour avoir été électrisé, & pour avoir frotté bien des tubes. On voit que cet exercice, depuis trente ans, n'a encore nullement éclairé ceux qui attendent toutes leurs lumières de l'expérience & des seuls faits. Ils ont beau assembler leurs amis, & s'électriser tous ensemble, avec tous les meubles qui sont chez eux; on ne voit point que cela les avance vers la cause de l'électricité. Et vous voyez enfin combien cette cause se tire facilement d'un sistême.

Aussi ces Messieurs, qui de bouche renoncent absolument à tout sistême, en usent-ils autrement dans la pratique. Ils ont tous des sistêmes, quoiqu'ils en disent; & ils ne décrient, à proprement parler, que ceux qu'ils n'ont pas faits. Le *vuide*, *l'attraction*, *le mouvement translatif* de la lumière, *la matière du feu*, sont des sistêmes. Dire que toute matière soit pesante, que la pesanteur soit toujours proportionnelle à la densité; c'est faire des sistêmes. Eriger en Loi primordiale une difficulté qu'on ne peut résoudre, traiter de volonté particulière de Dieu un phénomène qu'on ne peut expliquer, traiter la Nature d'énigmatique & de mystérieuse à cause qu'elle échappe à notre méthode ; c'est faire tout autant de sistêmes. Car enfin, où est l'expérience qui constate le vuide, ce fameux néant newtonien qui a des propriétés sans nombre ? Où est l'expérience qui démontre que l'attraction soit un principe, & non pas un effet ? qu'elle ne soit pas seulement apparente, mais réelle ? que les corpuscules qui nous occasionnent le sentiment de la lumière soient transportés localement du soleil jusqu'à nous ? que le feu soit une matière première, & non pas un effet méchaniquement produit ? Où est l'expérience qui démontre que toute matière pése ? Peut-on faire des expériences sur toutes matières ? Ceux qui les font avec le plus d'adresse, avouent n'en pouvoir faire sur celle du feu. Ils n'en peuvent non plus faire aucune sur le véhicule de la lumière. Il n'y en a même aucune, strictement parlant, qui démontre que l'air pése : je parle de l'air proprement dit, & non de l'air mêlé avec l'atmosphère terrestre. Où est l'expérience qui justifie que la pesanteur soit toujours proportionnelle à la densité ? Prouve-t-on qu'un pied-cube d'or contienne plus de matière, ou soit d'une autre densité, qu'un pied-cube d'air ? Le prouve-t-on, dis-je, sans supposer tout ce qui est en question ?

La Physique expérimentale fait donc à tout moment des sistêmes. Si cela n'étoit, toutes les Physiques qui se qualifient d'expérimentales seroient d'accord entr'elles : car il est impossible que l'expérience soit contraire à l'expérience ; & tous les jours on voit cependant que les partisans de cette Physique ne sont pas plus d'accord entr'eux qu'avec les autres.

On peut donc ne pas tenir grand compte de tant de déclamations contre l'esprit de sistême. On doit trop désormais à cet esprit, pour en méconnoître l'utilité. L'expérience même lui doit ses progrès. Et tel peut-être qui crie contre les sistêmes, en parleroit tout autrement s'il avoit été plus heureux quand il en a voulu faire lui-même.

Je trouverois donc une foule de

motifs pour recourir à un sistême : mais je n'en ai pas moins pour préférer celui des Tourbillons grands & petits. Je ne chercherai pas ici plus de circuit que dans l'article précédent. Trois raisons me font adopter la Philosophie des Tourbillons : la première est que je l'entends ; la seconde, qu'elle explique tout ; la troisiéme, que nulle autre hypothèse n'a cet avantage ni ne peut l'avoir. Ce principe est intelligible ; il est universel ; il semble unique. Je vais, en peu de mots, vous rendre compte de ces admirables propriétés.

Je sçais que j'aurois été plus à la mode en parlant de vuide, de gravitation, d'émanation de lumière, de matière ignée, &c. Mais quelle satisfaction aurois-je eue intérieurement ? Je n'entends rien de tout cela. Je ne sçais pas ce que c'est que du vuide. Ce n'est ni un être, ni une manière d'être ; c'est-à-dire, ce n'est ni une substance, ni une modalité : & cependant, dit-on, il est. Il a une longueur, une largeur, une profondeur déterminée ; & ce n'est rien. C'est le néant même ; & il a une infinité de propriétés. Il existe où il n'existe rien ; son existence consiste à ne pas exister. Entendez-vous quelque chose là-dedans ?

Entendez-vous mieux que la pesanteur soit une propriété de la matière ? Entend-on même que toute matière gravite ? Entendez-vous quelle méchanique produit cette pesanteur universelle, cette émanation de la lumière, cette matière ignée ? Pour moi, j'avoue que si ces effets ont des causes méchaniques, je n'y entends rien ; mais ils m'embarrassent encore plus, s'ils n'en ont pas. Hé ! j'ai bien affaire de passer mon tems dans de si épaisses ténébres, tandis que je puis jouir de la clarté, & avoir une Physique facile qui ne roule que sur des idées nettes.

L'idée du Tourbillon est simple, distincte, claire & nette. Elle ne renferme rien qu'on n'entende. On conçoit la nature & les propriétés du mouvement circulaire. La théorie des forces centrifuges est géométriquement démontrée. Dans tout le monde entier on ne suppose que deux sortes de matières ; l'une a ses parties en

Tourbillons, l'autre ne les a pas. On conçoit diſtinctement l'une & l'autre. On aſſigne l'origine des deux. On voit ce qu'elles peuvent ſéparément, & ce qui peut réſulter de leurs combinaiſons. On ne fait entrer rien d'inconnu, rien d'indéterminé dans ſes explications. Dans chaque effet, on ſpécifie la figure & le mouvement des moindres particules qu'on y emploie. Je ne le dis qu'après l'avoir fait; & c'eſt ſans conteſtation la meilleure manière de prêcher. Je crois que ſi l'on éxamine les ſolutions que j'ai données, on y verra que les connoiſſances que cette hypothèſe donne des effets, ſont très-particulières & très-préciſes; qu'elle en marque très-éxactement la meſure & la quantité; & qu'il eſt même impoſſible qu'elle ne les marque pas, puiſqu'on ne laiſſe rien de vague, ni de général, dans le détail de ſes idées.

Mais, direz-vous, ſi vos idées ſont ſi intelligibles & ſi claires, d'où vient que tant de Sçavans doutent encore de la poſſibilité de cette hypothèſe? Pourquoi ont-ils des difficultés ſur la conſiſtance, la conſervation, l'entrerien, la réparation des petits Tourbillons? Sans doute, c'est quelque obscurité qui occasionne tout cet embarras.

On peut faire deux sortes de difficultés touchant les petits Tourbillons; les unes tirées des méchaniques, les autres tirées d'exemples sensibles. Je crois avoir déjà applani les premières: quant aux secondes, voici ce que j'ai à dire. Les exemples sensibles mal appliqués, & les expériences défectueuses, gâtent toute la Physique. L'envie de faire des objections ne donne pas le tems de distinguer les bonnes des mauvaises; & l'on ne pense point assez que la prévention peut nous faire manquer de justesse. On donne le nom de Tourbillons à ces amas de grosse fumée qu'on voit se pelotonner dans les airs; à ces poussières qui s'élèvent quelquefois en tournoyant au gré de certains vents; à ces parties de l'eau d'un fleuve qui, en suivant le mouvement commun, tournent par des accidens particuliers autour de divers centres. Ce sont-là, dit-on, des Tourbillons: il ne nous en faut pas davantage. Nous voilà en état de juger & de décider par nos yeux de l'Hypothèse des Tourbillons. Car il ne faut qu'appliquer à ceux-ci ce que nous remarquons dans ceux-là : & comme nous voyons que dans l'eau, dans la poussière, dans la fumée, les Tourbillons ne durent qu'un moment, qu'ils ne se conservent pas, que bien souvent ils se détruisent les uns les autres, & qu'ils ne se rétablissent jamais quand ils sont détruits; nous devons, ce semble, aussi conclure qu'il doit arriver la même chose à ceux dont on nous parle.

Il s'agit de voir si ces Tourbillons représentent les nôtres; s'ils sont dans le même état. Il faut voir si un Tourbillon d'eau, de poussière, de fumée, de flamme, &c., qui se trouve accidentellement formé dans un espace libre où il est seul, se peut comparer à un Tourbillon qui fait un élément d'un liquide, & qui est tout environné de ce liquide dont il est une partie. La discussion de cet article va répandre du jour sur ce sujet.

On doit dans ce dernier Tourbillon considérer deux choses; 1°. qu'il est également comprimé de toutes parts;

2°. qu'il est comprimé précisément autant qu'il s'efforce de s'étendre, ni plus ni moins.

L'égalité de compression de toutes parts le rend sphérique, & le met dans la nécessité de se défendre également de tous côtés. De cette nécessité s'ensuit une autre, qui est, que tous les points de la surface repoussent également la matière environnante dans la direction des rayons, & prennent conséquemment des vitesses égales. Tous les points de chaque couche sphérique circulent pareillement avec d'égales vitesses, pour la même cause. Enfin pour qu'il y ait équilibre entre toutes les couches, il faut que leurs vitesses soient réciproquement comme les racines de leurs distances. Et tout cela ne manque pas d'arriver.

Quelque figure qu'ait un Tourbillon à son premier instant, & de quelque manière que le mouvement soit actuellement dans ses parties; dès qu'il se trouve également comprimé de toutes parts, il se compose & s'ordonne de lui-même, comme on vient de le dire. Si les couches centrales tournent trop vîte, elles donnent du mouvement aux couches supérieures : & si elles tournent trop lentement, la pression des supérieures qu'elles ont à supporter, les hâte. Enfin la pression externe fait sur les dernières couches ce que celles-ci opèrent sur les autres. C'est-à-dire, en deux mots, que toute la force que peut avoir un Tourbillon sphérique y est méchaniquement distribuée à tous les points, de la manière la plus utile à la conservation de toute la masse. C'est ainsi que dans le corps humain, & les corps organiques en général, s'il survient inopinément une nécessité de se défendre, le mouvement se distribue tout machinalement dans les parties, relativement à l'attaque dont il s'agit ; & on les voit toutes faire d'elles-mêmes les fonctions les plus convenables, & mettre tout le corps qu'il faut sauver dans la situation la plus propre, & dans la meilleure attitude.

Je sçais qu'on ne peut pas regarder un Tourbillon comme une machine : mais je sçais aussi que la Sagesse qui a construit tout le monde, a pris des mesures équivalentes pour la conser-

vation de chaque chose; ou que chaque chose a dans elle-même & dans sa propre construction tous les moyens qui lui sont nécessaires pour la conservation de son être. En un mot, chaque chose (je parle des choses qui sont de construction primitive) peut par elle-même, ou en vertu de cette construction primitive, se défendre & se conserver comme il convient à sa nature; l'animal, en animal; la plante, en plante; & le Tourbillon, en Tourbillon. Et même sans remonter si haut, on voit que dans tous les liquides où il survient par accident quelque confusion & quelque trouble, toutes les parties cherchent l'équilibre d'elles-mêmes, & que la paix n'arrive que quand elles l'ont trouvé. Un Tourbillon nouvellement formé, & qui n'est pas encore en régle lorsqu'il se trouve pour la première fois également pressé de toutes parts, est dans le cas de ces liquides. Il faut faire équilibre au dehors, avec le voisinage; il faut de l'équilibre au dedans, entre les différentes couches; & il ne cesse de faire des essais, & de se' réformer en mille manières, qu'il ne se
soit

soit procuré l'un & l'autre. Tels sont les effets de la compression égale, entant qu'elle est égale de toutes parts.

En tant qu'elle est égale précisément à l'effort que le Tourbillon fait pour se dilater, elle est la cause de l'entretien & de la perpétuité de ce Tourbillon : car il ne peut plus, moyennant cela, ni vaincre, ni être vaincu. On ne pourroit qu'obscurcir cet article, si on vouloit l'expliquer davantage. Venons aux espéces de Tourbillons que l'on veut comparer aux nôtres.

Il est bien clair que les deux causes qui forment & entretiennent nos Tourbillons, n'ont pas lieu à l'égard des autres : je veux dire qu'ils ne sont ni pressés avec égalité de toutes parts, ni pressés avec précision autant qu'ils s'efforcent de s'étendre. Ils sont, par exemple, plus pressés du côté de leur origine que de tout autre : & ils font plus d'efforts pour s'étendre, que n'en fait pour les contenir l'espace libre où ils naissent. Ce n'est donc pas merveille s'ils se dissipent; s'ils n'ont pas une figure exacte, &c. Mais tout cela ne ressemble à nos Tourbillons ni de près ni de loin. S'il suit quelque

P

chose de ces exemples & des différences que nous marquons, c'est que nos Tourbillons doivent subsister invariablement, & que la méchanique en est imperturbable.

Mais on peut, direz-vous encore, représenter vos Tourbillons par d'autres expériences, avec toute la justesse & toute l'exactitude possible, sans que le résultat en soit plus favorable à cette Hypothèse. Si on a un globe de verre creux parfaitement sphérique dans sa concavité, & si l'ayant exactement rempli d'eau, on fait tourner rapidement toute la masse sur elle-même; cette eau représente exactement l'état d'un Tourbillon sphérique: car elle est pressée de toutes parts avec égalité, & elle est justement pressée autant qu'elle s'efforce de s'étendre. Malgré cela, les Cartésiens n'y peuvent encore trouver leur compte. A la vérité, ce Tourbillon d'eau se conserve tant qu'on veut; & on avoue que cela provient de ce qu'il est retenu précisément autant qu'il s'efforce de s'étendre, ni plus ni moins. Mais on ne voit pas que la pression du verre environnant, comme égale de toutes parts, fasse garder dans ce Tourbillon les régles des vôtres. Le mouvement qu'on y remarque aux matières étrangères mêlées dans cette eau, en est une fort bonne preuve.

Outre ce que j'ai répondu ailleurs à cette expérience que l'on vante tant, j'ai encore à dire qu'il est faux que ce prétendu Tourbillon soit également pressé de toutes parts. Je sçais que le verre est également & uniformément dur de toutes parts : mais l'eau n'en est comprimée qu'à proportion qu'elle le comprime; de sorte que si la surface de celle-ci le comprime inégalement, il lui résiste ou il la comprime avec une pareille inégalité. Or cette eau, qui tourne comme un solide en une seule piéce, presse plus fortement le verre par l'équateur; puisqu'en cet endroit, la surface de l'eau a plus de vîtesse que dans tout autre.

Cette expérience n'est donc pas plus propre à représenter l'état de nos Tourbillons, que les exemples sensibles dont a parlé. Mais les uns & les autres ont cet avantage, qu'ils nous donnent lieu d'examiner toutes les faces d'un sujet. Je crois enfin avoir désormais assez retourné celui-ci ; & je ne pense point qu'après ces développemens, il puisse rester le moindre doute sur l'intelligibilité & la clarté de ce sistême.

On n'en doit pas avoir davantage sur son universalité ; & il n'est pas moins évident qu'il explique tout. Ce sistême consiste à supposer que non-seulement le Monde entier a été originairement distribué en Tourbillons énormes, tels que Descartes les a conçus ; mais que toute l'étendue de chacun d'eux a été pareillement subdivisée en d'autres très-petits, dont la petitesse n'échappe pas moins à notre imagination que la grandeur immense de ce Monde ; que ces petits Tourbillons néanmoins sont composés d'autres beaucoup moindres, ceux-ci également d'autres plus petits, &c. : ce qui donne différens ordres de petits Tourbillons, qui ayant différentes grosseurs & différentes élasticités, peuvent avoir différentes fonctions, & sont tous ensemble en tous lieux, puisqu'ils sont les uns dans les autres.

Il n'en faut pas davantage pour expliquer l'origine méchanique de tou-

ces choses. Il ne s'agit que de considérer les différens états où ces petits Tourbillons se peuvent trouver; & des différentes combinaisons dont ils sont susceptibles, on verra naître tous les différens corps, les différentes matières, les divers phénomènes, tout le détail de la Nature.

I.er. ÉTAT DES PETITS TOURBILLONS. Petits Tourbillons purs. L'Éther.

Si l'on considére ces petits Tourbillons dans leur plus grande simplicité, c'est-à-dire, ne contenant que d'autres Tourbillons sans mélange de parties qui n'ayent pas la même forme; on aura une idée précise de la matière éthérée, de ce fluide non-résistant où nagent les Tourbillons qui contiennent les planètes, de ce véhicule de la lumière dont l'élasticité est si parfaite, & dont les divers ordres, comme susceptibles de diverses promptitudes ou vibrations, seront les véhicules des diverses couleurs. On déduit de ce seul principe l'Astronomie Physique, & tout ce que Newton a observé sur la lumière & les couleurs.

II.e ÉTAT. Petits Tourbil-

Si l'on veut que ces petits Tourbillons soient moins purs, & qu'à l'imitation des grands Tourbillons ils por-

Solides à masses centrales.

Les Liquides.

tent des solides à leurs centres, ou que leurs petits Tourbillons subalternes contiennent des espéces de planètes, que celles-ci ayent des satellites, ainsi du reste ; si l'on considére en combien de façons on peut combiner toutes choses, & quelle variété il résulte de ces mêlanges de matiéres solides, soit dans les Tourbillons du même ordre, soit dans la combinaison d'un ordre avec un autre : on verra que ces petits Tourbillons, qui doivent peser, & être rabattus conséquemment par la pesanteur vers la terre, y doivent aussi composer divers amas qui seront différentes liqueurs. L'on verra aussi que cette idée représente infiniment mieux toutes les propriétés des liquides, que tout ce que les Physiciens ont publié jusqu'ici.

Ainsi l'eau, par exemple, est un amas de petits Tourbillons, composés de Tourbillons plus petits qui ont des globes pesans à leur centre ; l'huile, un amas de petits Tourbillons d'un autre ordre ; toute liqueur, un amas de petits Tourbillons, chacune ayant les siens différemment conditionnés

& combinés. C'est pour cela que tous les liquides sont élastiques, pésent en tout sens, & ont un mouvement intestin dont aucun autre sistême ne peut rendre raison.

Si les petits Tourbillons sont tellement chargés de matières étrangères ou solides, que leurs surfaces principalement en soient couvertes d'un pole à l'autre; ces surfaces ayant ralenti leurs circulations, à force de frottemens, demeureront enfin immobiles les unes auprès des autres, quoique la matière fluide de leurs Tourbillons circule à l'ordinaire dans leurs concavités, comme dans des boules creuses. Ces surfaces ainsi immobiles, & comprimées avec violence par la cause de la dureté, nous donnent une idée naturelle de la consistance des corps grossiers, *métaux*, *minéraux* ou autres *solides*, dont on voit que chacun porte en soi le principe de sa destruction; puisque si le petit Tourbillon emprisonné sous chaque surface vient à se dilater par quelque cause, il peut, ou faire éclater cette surface, ce qui feroit une combustion; ou la dissoudre de nouveau

LETTRE.

III.
ETAT.
Petits Tourbillons incrustés.
Les Solides.

P iv

& la tenir en dissolution, ce qui donneroit une fusion, &c.

Si de petits Tourbillons sont rompus, en sorte que leur matière, au lieu de circuler avec la forme de Tourbillons, n'ait plus qu'un mouvement irrégulier produit par violence, & conservé de même ; l'amas de ces petits Tourbillons ne pouvant plus faire équilibre avec l'*éther*, n'ayant plus de force centrifuge pour contrebalancer la sienne, le repousse par des coups troublés & par des secousses de toutes les façons : ce qui met le véhicule de la lumière en vibration, & fait paroître l'amas rompu lumineux & tout blanc. C'est l'image véritable *du feu* & de la *flamme*.

On voit que ce feu agira sur les corps dissolubles, par le moyen des petits Tourbillons emprisonnés sous les surfaces dont on vient de parler. Ceux-ci par les pores de leurs enveloppes, venant à communiquer avec la matière du feu, s'agrandissent d'elle, comme on vient de le dire ; & tout le reste s'ensuit.

Mais quoique le feu soit un amas de Tourbillons rompus, dont la rupture est entretenue par les matières qui s'y dissolvent, tous les ordres de Tourbillons néanmoins ne sont pas rompus dans tout feu. C'est pour cela que tout feu ne dissout pas tout corps; il ne peut dissoudre que ceux dont les élémens sont de l'ordre dont il est lui-même.

Si un amas de Tourbillons se mêle avec un autre, & s'ils ne se trouvent pas en équilibre, leurs forces centrifuges se mesureront; & ils ne cesseront de batailler, de se ronger mutuellement, & de diversifier leurs formes, jusqu'à ce que l'équilibre se rétablisse. Les uns perdront de dessus leurs surfaces les matières solides qu'ils entraînoient, par-là deviendront plus légers : les autres se chargeront de ces matières, s'en appesantiront, formeront un tout plus épais, se précipiteront, &c : d'autres, par les frottemens de leurs superfices, broieront & pulvériseront leurs matières solides de part & d'autre. Les petits éclats de ces matières peuvent rompre des Tourbillons: de-là naîtra une flamme. Ce qui aura la forme de Tourbillons, era l'office d'*acide*; les autres matiè-

LETTRE.

V^e. ÉTAT.
Défaut d'équilibre entre les Tourbillons.
La Fermentation.

res, celui d'*alkali* : & il n'y aura variété qui ne puisse naître des combinaisons comme infinies qui se peuvent faire de toutes ces choses. Enfin le tumulte cessera ; & le mélange aura différentes apparences, selon les diverses qualités des liquides qui se feront mêlés. Voilà ce qu'il y a de plus propre à faire concevoir la fermentation & tous ses effets.

Parmi les effets de la fermentation, sont compris plusieurs météores. J'explique seulement *le tonnerre*. Un globe de matières fermentées, comprimé au centre d'un Tourbillon par la méchanique des forces centrales, & lancé par un autre Tourbillon vers quelque objet solide contre lequel il vient à crever ; ce globe, dis-je, ainsi embrasé, fait que le solide attaqué se trouve subitement dans un *milieu* dont les petits Tourbillons tous rompus cessent de faire équilibre avec ceux qu'il a dans lui, lesquels aussitôt s'agrandissent de cette matière vague & subtile, & produisent en s'agrandissant tout l'effet & tout le fracas qu'on attribue ensuite à la *foudre*. Car, à cause des petits Tourbillons qui sont emprisonnés tant dans les premiers composans que dans les pores des corps, une masse que le tonnerre attaque se doit ou fondre, ou consumer, ou briser, ou fendre, &c, selon la qualité de ses élémens, ou selon la forme que peuvent avoir ses plus petites parties.

S'il se dissout seulement une partie d'un corps combustible ou fusible, s'il ne part qu'un éclat simplement d'un rocher foudroyé ou d'un mur; on y voit rester une cavité comme un enfoncement, ce qui fait prendre vulgairement la foudre pour un corps dur qui enfonce les autres corps; ou bien, si quelqu'un trouve ces éclats à la fin d'un orage dans la campagne, ce sont les carreaux de la foudre, &c.

Les élémens de la matière de la foudre n'étant que de petits Tourbillons, peuvent être de divers ordres: & la foudre n'a d'action sur un corps solide, que quand la matière foudroyante est d'ordre compétent par rapport aux élémens de ce même solide. Il n'est donc nullement surprenant que de deux corps hétérogènes attaqués du tonnerre, l'un soit endommagé ou dislous par la foudre, sans que l'autre en ressente l'effet ni qu'il en porte la moindre marque.

L'explication du tonnerre emméne celle du *vent*, qui est encore un des phénomènes qui ont le plus embarrassé les Physiciens modernes. Et peut-être ai-je été assez heureux pour en déterminer la vraie cause, qui avoit jusqu'ici échappé à tous les disciples de Descartes.

La terre ne tournant sur elle-même qu'en vingt-quatre heures, & le devant faire cependant en moins d'une heure & demie, suivant la régle de Keppler; la matière éthérée qui circule dans le voisinage de cette planéte, a dix-sept fois autant de vîtesse qu'il en faut pour la suivre : comment rend-elle donc insensible le mouvement qu'elle a de trop ? Elle emploie cet excès de mouvement à tourner sur différens centres; ce qui forme une sorte de Tourbillons plus grossiers que ceux de l'éther, & c'est dans ceux-là que consiste *l'air*. Cet *air* qui est le véhicule du *son*, ainsi que la matière éthérée est le véhicule de la *lumière*, peut aussi bien que *l'éther* être composé de divers ordres, dont chacun soit le véhicule d'un seul *ton*, comme on a dit que chaque ordre de l'éther étoit le véhicule d'une seule couleur.

Tandis que la matière éthérée s'amuse ainsi à former l'air, l'air lui-même s'amuse pareillement aux environs du globe terraquée. Car devant avoir la même vîtesse, selon la loi du Tourbillon, à égales distances du centre du globe, & de-là même sa circulation & le tournoiement de la terre ne pouvant s'accorder; il a un excès de mouvement qui lui est propre, & qu'il faut employer à quelque chose. Il l'emploie donc à circuler autour de nouveaux centres; & il se forme ainsi de grands Tourbillons d'air, qui sont les *vents*. Ainsi la lenteur de la rotation du globe terraquée en général a fait former l'air, & la différence de lenteur d'entre l'équateur & les deux poles a fait former le *vent*.

Sous l'équateur & dans la zone torride, où l'air n'a pas cet excès de mouvement sur celui de la terre, les fermentations des matières enlevées par le soleil y suppléent. Car celles-ci ne manquent pas de produire dans

LETTRE. une certaine étendue d'air plus de mouvement qu'il n'en faut pour accompagner le globe terraquée dans sa rotation journalière; ce qui y forme autant de grands Tourbillons, & quelquefois plus rapides que vers les poles. Enfin ces deux causes sont de nature à concourir très-bien ensemble; & elles forment cette cause primitive, cette première cause des vents, que les Physiciens ont tant cherchée.

IXe. USAGE. Le Magnétisme. Tout le monde sçait assez que l'air en tant que chargé d'élémens, non-seulement de terre mais de tout ce que contient la terre, est ce qu'on nomme *l'atmosphère*. Mais je distingue ici deux atmosphères; l'une que j'appelle *l'atmosphère du noyau*, l'autre que je nomme *l'atmosphère de la croûte*. La terre a, selon mon idée, un noyau métallique dans lequel consiste proprement le corps de la terre. Ce noyau incrusté peu à peu est aujourd'hui couvert de cette enveloppe épaisse que nous habitons, & dont l'épaisseur vraisemblablement ne surpasse pas la profondeur des plus basses cavités de la mer. Ce noyau a donc aussi son atmosphère composée de petits Tourbillons, qui étant d'une extrême subtilité s'étend uniformément dans toute la croûte, & à une bonne hauteur dans l'air. Mais elle est encore plus abondante dans le noyau même, qui a non-seulement des pores, mais une certaine direction & un certain fil dans ses pores; comme nous voyons un certain fil dans les carrières & dans les mines.

Ce fil, dans le noyau terrestre, est supposé d'un pole à l'autre, & j'en donne des raisons : moyennant quoi le nouveau sistême donne du cours magnétique la plus simple explication qu'on en ait encore vue.

Depuis qu'on a entrepris d'expliquer la *direction de l'aimant* par le cours d'une matière d'un pole à l'autre, les plus célébres Physiciens se sont diversement efforcés d'accorder la supposition de cette translation de matière avec les loix des Méchaniques : & il faut avouer que ce transport, avec cette direction singuliére à travers un milieu tout occupé d'autres mouvemens & d'autres matières, sans la moindre confusion ni active ni passive, sans se rendre même sensible qu'à l'aimant &

au fer; il faut, dis-je, avouer qu'une telle translation d'une matière éparse dans les airs, qui va son chemin avec tant de constance, & pour ainsi dire, de discernement, malgré toute l'importunité de tant de directions contraires, est très-difficile à concilier avec les idées d'une saine Physique.

Aussi jamais nos plus grands Maîtres n'ont-ils été tranquilles sur cet article; & l'on a toujours vu paroître de tems en tems de nouveaux essais sur ce point. Mais la difficulté demeure toujours la même. Personne n'a encore indiqué la cause méchanique qui assurât la direction, la constance, l'imperturbabilité, &c. de ce cours de matière d'un pole à l'autre.

La seule Hypothèse que j'explique dévoile ce mystère. Car chaque liquide, selon cette Hypothèse, fait équilibre avec un ordre de l'éther; l'eau, par exemple, avec le plus grand ordre; l'atmosphère du noyau terrestre, avec le dixiéme, ou un autre. Or ce dixiéme ordre est un *milieu*, qui remplit les interstices des Tourbillons qui composent le neuviéme; le neuviéme est un *milieu*, qui remplit les interstices du huitième, &c : & tous ces milieux sont entr'eux parfaitement hétérogènes, & ont leurs mouvemens propres & leurs fonctions indépendamment les uns des autres. En effet qu'importe à un ordre que son subalterne dans ses interstices se meuve ou se repose, si ces interstices sont toujours également remplis & pressés ? Ce ne seront pas les Newtoniens qui y trouveront à redire, eux qui font mouvoir localement, avec une rapidité incroyable, leur *matière lumineuse* à travers les autres fluides. Ce ne seront pas non plus les Cartésiens, eux qui font couler d'un pole à l'autre, sans déterminer dans quel lit, leur *matière magnétique* tout à travers toutes choses. Enfin de même à peu près que le véhicule d'une seule couleur particulière peut être incessamment en exercice du nord au sud, ou du sud au nord, sans qu'aucun autre véhicule se sente de son tracas; de même l'*atmosphère* du noyau qui occupe tous les interstices d'un certain ordre, & qui fait ainsi seule un milieu particulier remplissant tous les interstices d'un autre milieu, peut-elle avoir un mouvement du sud au nord, ou du nord au sud, à l'insçu des milieux ou ordres supérieurs, si on peut parler de la sorte.

Il est clair que le mouvement de ce *milieu* subtil ne sera sensible que pour les corps qui auront dans leurs atmosphères une certaine quantité d'élémens du même ordre, & que les autres ne le sentiront pas plus qu'un rayon *rouge* ne sent un rayon *violet*, ou une autre couleur qui le croise; ou plus qu'un *son* n'est affecté d'un rayon de *lumière* qui le traverse.

Il ne s'agit donc plus que de déterminer la cause du mouvement de ce milieu, ou de cette atmosphère du noyau d'un pole à l'autre : & c'est ce que je détermine très-méchaniquement. Je montre que le mouvement journalier est la cause de ce mouvement; & je le montre en deux manières, qu'on trouvera, ce semble, aussi aisées & aussi vraisemblables qu'elles sont nouvelles.

Avec ce mouvement, & les atmosphères qui environnent le fer & l'aimant, on explique tout le *magnétisme*, sans *vis*, sans *écroues*, sans *poils*,

DES PETITS TOURBILLONS. 355

sans petits *aimants*, sans aucune autre idée.

Le fer & l'aimant ne sont pas les seuls solides qui aient des atmosphères : tout le monde sçait même aujourd'hui que généralement tous les corps ont des atmosphères qui les entourent, & que ces atmosphères sont plus denses, ou plus abondantes & plus serrées, au dedans des corps mêmes. Si l'on suppose donc que ces atmosphères consistent en petits Tourbillons qui fassent équilibre avec l'éther ; quelque simple que soit cette supposition, elle suffit seule pour rendre raison de tous les *phénomènes électriques*.

Si l'on frotte un tube de verre dans l'obscurité, son atmosphère, qui est composée de Tourbillons de plusieurs sortes, s'échauffe par le frottement, & *fermente*. Cette fermentation, ou ce mouvement intestin, excite un frémissement dans le véhicule de la lumière ; & on voit le tube lumineux, &c.

Quand l'atmosphère d'un corps fermente, elle se dilate considérablement, & sort du solide par quelques pores avec un mouvement subit & violent : ainsi voit-on quelquefois sortir, avec une extrême rapidité, des flammes venteuses de certains points d'un bois qui est dans le feu. La chaleur fait en cette occasion-là ce que la fermentation fait dans celle-ci.

Quand une atmosphère fermentée en touche une autre, celle-ci fermente pareillement : ne voit-on pas qu'une liqueur tournée en fait tourner une autre ? & de petits Tourbillons en équilibre ne prennent-ils pas facilement le ton les uns des autres ? Tout corps qui s'approchera donc d'un corps électrisé, s'électrisera dès l'approche : & il jette incontinent hors de lui-même une atmosphère impétueuse, qui l'emporte, s'il est bien léger, vers l'électrisé ; parce que cette atmosphère, en sortant, rencontre une multitude d'obstacles dans les parois des pores, qui lui donnent occasion de les pousser plus de ce côté-là que de l'autre. Le corps électrisé d'ailleurs jettant aussi son atmosphère, repoussera son corps léger, qui après quelques allées & quelques venues s'arrêtera enfin où les deux atmofphères cefferont leurs répliques, si on peut parler de la forte.

Toutes les particularités de l'électricité font affez amplement détaillées dans l'article qui en parle : & l'on y voit que ce phénomène ne peut être difficile qu'avec des fiftêmes défectueux, qu'on ne peut prendre pour de la Phyfique.

Je finis ce qui regarde les atmofphères, par expliquer méchaniquement l'hydroftatique des tuyaux capillaires. L'atmofphère intérieure de ces petits tubes fe trouve être d'une telle denfité, à caufe de l'étréciffement du canal où elle eft, qu'elle y forme un liquide particulier, qui étant propre à fe mêler avec les liqueurs qu'on y met, demeure en fa place quand elles entrent; de forte que ces liqueurs ainfi augmentées, pefant moins à volume égal qu'elles ne faifoient ci-devant, font obligées de paffer le niveau pour donner le même poids.

Les plus pefantes le paffent plus que les autres; parce que c'eft au poids des plus pefantes que le mélange fait plus de tort.

Le vif-argent tout au contraire demeure au deſſous du niveau, parce que ne ſe pouvant mêler avec l'atmoſphère du tuyau à cauſe de l'hétérogénéité, il la chaſſe de ſa place : celle-ci trop condenſée comprime le vif-argent, & l'appeſantit de beaucoup ; ce qui fait qu'il n'eſt pas néceſſaire qu'il arrive au niveau, pour contrebalancer le mercure de l'autre branche.

Les autres merveilles des tuyaux capillaires s'expliquent tout auſſi nettement ; de ſorte que ſi ce ſiſtême n'eſt qu'une erreur, jamais erreur ne ſe ſoutint mieux, & n'eut ſi conſtamment l'air de la vérité.

J'ai donc raiſon, Monſieur, de dire que j'explique tout. Et vous ſçavez que les Phyſiciens, quand leur ſiſtême a cet avantage, en concluent très-facilement la réalité de leur principe. C'eſt qu'en effet un tel principe eſt juſtifié par ſes uſages. Ainſi les Newtoniens croient-ils juſtifier l'attraction ; & ils le feroient, ſi ce principe pouvoit réellement rendre raiſon de toutes choſes. Car un fiſtême qui explique tout, demande qu'on s'y tienne. S'il n'eſt le véritable, il le vaut bien. Mais le malheur eſt que juſqu'ici on n'a pu encore tout expliquer. Il y a toujours eu des phénomènes qui ont déconcerté tous les fiſtêmes. Voici peut-être la première fois qu'on peut eſpérer légitimement de pouvoir venir à bout de tout. Je ne me vante point en diſant cela : ni les grands, ni les petits Tourbillons ne ſont de moi. Mais ayant remarqué la ſimplicité & la fécondité de ces idées, que leurs Inventeurs n'ont pas eu le tems de développer tout-à-fait ; j'ai cru qu'avec un peu de travail j'aurois fait ſentir l'utilité des découvertes de ces Meſſieurs, & qu'en faiſant jetter un coup d'œil ſur les uſages de leurs principes, j'aurois perſuadé à pluſieurs de ne plus chercher d'autre ſiſtême.

Ceux qui n'admettent pas l'Hypothèſe des petits Tourbillons, & qui ont juſqu'ici ſoutenu d'autres principes, ont bien ſenti l'inſuffiſance & le peu de vraiſemblance de leurs ſiſtêmes, quand ils ont voulu expliquer les plus belles queſtions de la Phyſique, comme la cause de l'élasticité, les loix du choc, la cause de la dureté première & seconde, le ressort des liquides & leur pesanteur en tout sens, la réfraction de la lumière, la réfrangibilité & la réflexibilité des couleurs, les croisemens des rayons de la lumière, les mouvemens des planètes, la pesanteur, le flux & reflux de la mer, &c. Ainsi on peut connoître par la manière aisée dont l'Hypothèse des petits Tourbillons développe ces effets, & par l'impossibilité de le faire par d'autres voies, que cette Hypothèse est plus que vraisemblable; & qu'on a enfin tant rectifié le sistême de Descartes, qu'à proprement parler ce n'est plus un sistême. C'est ce que je crois avoir rendu très-sensible par les solutions qui terminent mon Écrit; & voilà le troisième motif dont j'ai l'honneur de vous parler. J'y fais voir que non-seulement cette Hypothèse explique tout, mais que nulle autre n'a cet avantage, ni ne peut l'avoir. Le goût où l'on étoit depuis Descartes, d'appliquer la Géométrie à la Physique, ne pouvoit manquer de conduire à la découverte d'un tel sistême. En tirant de de l'idée du Tourbillon une *nouvelle méchanique*, on ne pouvoit manquer d'enrichir la Philosophie naturelle. L'on a même tout lieu de croire qu'elle pourra être entièrement perfectionnée par cette voie; puisque l'Hypothèse des petits Tourbillons, avec ce qu'on tire actuellement de la Géométrie à son sujet, répond désormais exactement à toutes les questions dont il s'agit présentement entre ceux qui se mêlent de Physique. Quelques-uns ont sur cela un scrupule qu'on peut lever en peu de mots.

Est-il bien sûr, me peut-on dire, que vos théorèmes mathématiques, touchant le méchanisme des Tourbillons, aient lieu dans le réel ? Peut-être que du possible au physique, d'un Tourbillon conçu à un Tourbillon existant, la conclusion est hasardée : & si cela est, quelle illusion ? Nous discourons d'un Monde; & il s'agit d'un autre.

A ce doute je réponds deux choses, qui me semblent également raisonnables. 1°. Je le suppose fondé : & je dis qu'en ce cas-là même notre méchanisme intelligible est applicable aux

Tourbillons physiques; parce que s'ils ne sont pas ce qu'on les suppose, ils en approchent, & ils peuvent en approcher si bien que la différence soit insensible. C'est ainsi que la théorie du levier, du plan incliné, de la poulie, &c., qui ne roule bien manifestement que sur des machines intelligibles, s'applique néanmoins heureusement dans les arts. Et de même que dans la pratique, on compte sans hésiter sur la propriété d'une ligne, d'une figure ou d'un corps, quoique la démonstration qu'on en a soit simplement de l'ordre idéal; de même pouvons-nous croire sans scrupule que nos Tourbillons gardent nos régles, parce que s'ils ne peuvent, comme on le prétend, ressembler exactement à nos idées, il nous doit être tout aussi impossible d'en reconnoître la différence.

Je dis, en second lieu, qu'un Tourbillon peut ressembler à son idée, & que la justesse mathématique peut avoir lieu dans le réel. N'est-il pas vrai qu'une boule tournante tourne sur un axe mathématique ? Si la partie d'enhaut tourne vers le nord, l'inférieure tourne vers le fud : donc la longueur, qui ne tourne vers nul endroit, est une ligne mathématique. Il en est tout de même du centre de gravité, de la ligne de direction. Les circonférences, les surfaces, répondent à ces points & à ces lignes : car d'autres lignes égales, des distances égales, ne font pas impossibles à Dieu. Si quelque chose en empêche l'égalité, Dieu ne le voit-il pas ? Il peut donc l'ôter.

Enfin celui qui garde fidélement les régles des méchaniques à l'égard de ces points & de ces lignes, peut tout auffi bien les observer à l'égard de nos Tourbillons.

Il reste à quelques autres personnes un autre préjugé, qui est que les Tourbillons nécessairement laissent du vuide entr'eux. Mais cela dépend de l'ordre qu'on observe en pensant. Si l'on commence par faire des Tourbillons, on peut se trouver embarrassé, si on veut peloter tout le Monde. Mais commençons par supposer le plein ; & faisons ensuite des Tourbillons, autant qu'il y aura lieu d'en faire : le reste demeurera sous une autre forme, & il n'y aura plus d'embarras.

C'est aussi de cette même façon que doivent s'y prendre les commençans, qui ont de la peine à concevoir le mouvement dans le plein. Ils partent du mouvement pour en venir au plein; & il faudroit partir du plein pour arriver au mouvement. Il ne faut pas dire que *tout est plein*, parce que les mobiles sont promptement & exactement remplacés par d'autres matières; mais il faut dire que les mobiles sont exactement remplacés, parce que *tout est plein*. Le plein ne vient pas de la souplesse & de l'exactitude des matières à remplir tout espace; mais cette souplesse & cette exactitude viennent de ce que tout est plein. Le déplacement & le remplacement d'un corps sont simultanés: mais cette simultanéité suppose le plein, & ne le fait pas. C'en est l'effet, & non la cause.

Selon cet ordre de concevoir les choses, il n'y a plus à examiner si tel mouvement que l'on voit est compatible avec le plein. S'ils n'avoient pas dû s'accorder, il ne se feroit pas fait. Il n'y en a que ce que permet le plein. Cependant l'imagination ne se contente pas encore; & elle en revient toujours à prétendre que *la liberté* du mouvement demande quelque *vuide*.

Mais quoi! Faut-il donc plus d'espace pour exister en mouvement, que pour être en repos? Faut-il plus de place à une boule pour faire une révolution entière sur son axe au même lieu, que pour y demeurer immobile? Ses diamétres s'alongent-ils, quand elle tourne? Et si elle ne s'augmente pas, à quoi bon plus de place? Mais s'il ne lui faut pas plus d'espace en cette occasion, parce qu'elle ne croît pas; pourquoi lui en faudroit-il davantage dans un mouvement progressif, où elle ne croît pas non plus? Deux plans qui glissent actuellement l'un sur l'autre, ne se peuvent-ils pas toucher aussi immédiatement que quand ils ne glissoient pas? Mais si les corps ne sont pas plus grands en mouvement qu'en repos, & s'ils se peuvent toucher immédiatement dans le mouvement comme dans le repos; où donc est la nécessité de recourir au vuide?

Au reste tout le monde sçait désormais les objections & les réponses qui regardent ce sujet. On les trouve assez discutées dans tous les Philosophes qui ont parlé du plein & du vuide. Mais il reste une autre difficulté qu'ils n'ont pas également bien éclaircie, & à laquelle je ne puis me dispenser, moi particulièrement, de répondre. Je crois qu'en applanissant encore cela, j'aurai enfin tout applani, & que j'aurai visité tous les recoins de la Philosophie que j'explique.

J'ai reproché aux Newtoniens qu'ils supposoient le monde infini, parce que leurs dernières étoiles fixes, dans l'hypothèse d'une limitation, se fussent nécessairement approchées des autres étoiles, n'étant attirées que par elles, &c.; ce qui eût enfin concentré le Monde en une seule masse.

Mais n'ont-ils pas lieu de nous reprocher la même infinité; puisque nos derniers Tourbillons, dans l'hypothèse d'une limitation, n'étant aussi contrebalancés que d'un côté, doivent par leurs propres forces centrifuges lancer leur matière éthérée, & la dissiper dans le vuide qui entoure tout le Monde?

Voilà la difficulté dans tout son jour.

J'y vais répondre en deux manières, afin de contenter tout le monde : premièrement, selon l'opinion de ceux qui admettent du vuide hors le Monde ; en second lieu, selon l'opinion de ceux qui disent qu'il n'y en a point.

Y eût-il du vuide hors le Monde ; si Dieu est conçu déterminé à n'en admettre point au dedans, on voit que la loi des forces centrifuges étant désormais subordonnée à cette détermination, les parties des derniers Tourbillons sont aussi bien dans la nécessité de demeurer unies entr'elles que celles des autres.

Les loix générales de la Nature (on le voit en mille occasions) sont subordonnées les unes aux autres. Ainsi, par exemple, la loi du choc est subordonnée en plusieurs cas à celle de l'union de l'ame avec le corps : c'est par-là que notre ame est maîtresse de plusieurs mouvemens de notre corps. Si donc une des loix de la Nature est d'exclure le vuide, comme c'en est une d'exclure toute inutilité ; la loi de la force centrifuge tendra bien inutilement à dilater un Tourbillon tout entouré de vuide : jamais elle n'en étendra le volume, jamais elle n'en écartera la moindre partie.

Pourquoi donc, peut-on m'objecter, dans le milieu du Monde y a-t-il tant de forces employées à contrebalancer les Tourbillons, s'ils peuvent être ainsi contenus par cette seule loi ? C'est que cette loi n'est que pour le plein ; & que la forme des Tourbillons, qui est aussi absolument nécessaire, ne peut être conservée que par cette pression, en tant qu'elle est égale de toutes parts.

Dans la pensée de ceux qui n'admettent aucun vuide, il est de l'essence de l'étendue d'être incapable d'interruption. L'étendue est *un continu*, comme le tems en est un. Et de même qu'il y auroit de la contradiction à supposer des interruptions, c'est-à-dire, des intervalles sans tems, dans un espace de temps ; (car ces intervalles seroient des durées, ainsi le temps seroit interrompu & ne le seroit pas :) de même aussi se contredit-on à supposer des interruptions, c'est-à-dire, *des vuides*, dans le Monde. Car l'étendue, qu'on supposeroit ainsi interrompue, le feroit & ne le feroit pas. Elle le feroit par l'hypothèse: & elle ne le feroit point; car l'intervalle feroit très-véritablement une continuation d'étendue, puifqu'il auroit les trois dimenfions qu'ont les autres étendues, & que celles-ci, regardées en elles-mêmes fans qualités fenfibles, ne font en effet rien autre chofe.

Selon ces idées, dilater un corps pour y faire ce qu'on appelle *des vuides*, c'eft augmenter fa matière d'autant: C'eft créer autant de nouvelle matière. De forte que fi Dieu, par exemple, après la création du Monde n'en veut plus augmenter la maffe, en produifant de nouvelle matière; il ne s'y peut faire *de vuide*. Et la nature de l'étendue, qui eft de n'être pas fufceptible d'interruptions, retiendra, fans Décret Divin & fans Loix générales fubordonnées, tous les élancemens centrifuges des derniers Tourbillons.

Dans ce cas-là, où finit le Monde, finit l'étendue créée: par conféquent, point d'efpace au delà. Pourquoi donc en concevons-nous, me direz-vous d'abord? C'est que l'idée qui nous représente l'espace, l'idée de l'étendue, l'étendue intelligible, est infinie, & qu'il ne dépend pas de notre esprit de la borner. Mais nous avons tort d'en rien conclure pour l'infinité de l'espace créé, que Dieu a librement produit, & qu'il a fait grand ou petit, comme il lui a plu de le faire.

Il en est enfin de ces espaces que nous concevons hors le Monde, comme des espaces célestes que nous voyons dans l'eau; comme de ces espaces, de ces étendues que nous voyons dans nos miroirs, & que nous rapportons derrière ceux-ci, sçachant néanmoins qu'ils n'y sont pas. Nous rapportons ainsi au delà du Monde une étendue immense, par un effet d'une catoptrique d'une espéce singulière, dont l'illusion n'est ni moins étrange, ni moins inévitable que celle de l'autre.

Ainsi se peuvent tirer de ce pas, selon leurs principes particuliers, ceux qui tiennent le vuide *impossible*, & ceux qui le tiennent seulement *inutile*. Ce n'est pas ici le lieu de s'arrêter à justifier la préférence qu'on peut donner à l'une de ces idées. Il suffit qu'il n'y ait plus à s'inquiéter de la conservation des limites du Monde, & que j'aie enfin donné tout le jour nécessaire à tout ce qui pouvoit embarrasser dans la théorie des Tourbillons.

J'ai l'honneur d'être, &c.

TABLE DES MATIERES.

Discours Préliminaire, page   i

EXPLICATIONS MÉCHANIQUES.

I. { *De la Lumière*,   73
    { *Des Couleurs*,   78
II. *De la nature des Liquides*;   83
III. *De la nature des Minéraux & des Métaux*,   105
IV. *Du Magnétisme*,   121
V. *Du Feu*,   152
VI. *De la Fermentation*,   167
VII. *Du Tonnerre*,   182
VIII. *De la nature de l'Air*,   192
IX. *Du Vent*,   199
X. *De l'Electricité*,   209
XI. *Des Phénomènes des Tuyaux Capillaires*,   242

XII. *De l'Elasticité*, 254
XIII. *Des Loix du Choc*, 256
XIV. *De la Dureté, & de la nature des Solides*, 266
V. *De la Pesanteur des Liqueurs en tout sens*, 273
XVI. *De la Réfraction de la Lumière*, 274
XVII. *De la Réfrangibilité & Réflexibilité des Couleurs*, 277
XVIII. *Du Croisement des Rayons de Lumière*, 278
XIX. *Des Mouvemens des Planètes*, 279
XX. *De la Pesanteur*, 300
XXI. *Du Flux & Reflux de la Mer*, 303
XXII. *Réponse à une Objection sur la Pesanteur*, 309
XXIII. *Lettre où l'on explique la possibilité des Tourbillons grands & petits*, 317

APPROBATION.

J'Ai lu, par ordre de Monseigneur le Chancelier, un Manuscrit intitulé : *L'Hypothèse des Petits Tourbillons justifiée par ses Usages*, dans lequel je n'ai rien trouvé qui puisse en empêcher l'impression. A Paris, ce 12 Décembre 1759.

DE PARCIEUX.

PRIVILÉGE DU ROY.

LOUIS, PAR LA GRACE DE DIEU, ROY DE FRANCE ET DE NAVARRE : A nos Amés & Féaux Conseillers, les Gens tenant nos Cours de Parlement, Maîtres des Requêtes ordinaires de Notre Hôtel, Grand-Conseil, Prévôt de Paris, Baillifs, Sénéchaux, leurs Lieutenans Civils, & autres nos Justiciers qu'il appartiendra : SALUT. Notre amé le Sieur BINET, Nous a fait exposer qu'il desireroit faire imprimer & donner au Public un Ouvrage qui a pour titre : *L'Hypothèse des Petits Tourbillons*, s'il Nous plaisoit lui accorder Nos Lettres de Permission pour ce nécessaires. A CES CAUSES, voulant favorablement traiter l'Exposant, Nous lui avons permis & permettons par ces Présentes de faire imprimer ledit Ouvrage autant de fois que bon lui semblera, & de le faire vendre & débiter par tout notre Royaume pendant le tems de trois années consécutives, à compter du jour de la date d'icelles. Faisons défenses à tous Imprimeurs, Libraires, & autres personnes de quelque qualité & condition qu'elles soient, d'en introduire d'impression étrangère dans aucun lieu de notre obéissance : A la charge que ces Présentes seront enregistrées tout au long sur le Registre de la Communauté des Imprimeurs & Libraires de Paris, dans trois mois de la date d'icelles ; que l'Impression dudit Ouvrage sera faite dans notre Royaume & non ailleurs, en bon papier & beaux caractères, conformément à la feuille imprimée attachée pour modèle sous le contre-scel des Présentes ; que l'Impétrant se conformera en tout aux Réglemens de la Librairie, & notament à celui du 10 Avril 1725 ; qu'avant de les exposer en vente, le Manuscrit qui aura servi de copie à l'impression dudit Ouvrage sera remis dans le même état où l'Approbation y aura été donnée ès mains de Notre très-cher & féal Chevalier, Chancelier de France, le Sieur DE LA MOIGNON, & qu'il en sera ensuite remis deux Exemplaires dans notre Bibliothéque publique, un dans celle de notre Château du Louvre, & un dans celle de notre très-cher & féal Chevalier, Chancelier de France, le Sr DE LA MOIGNON : le tout à peine de nullité des Présentes. Du contenu desquelles vous mandons & enjoignons de faire jouir ledit Exposant & ses Ayant-cause pleinement & paisiblement, sans souffrir qu'il leur soit fait aucun trouble ou empêchement. Voulons qu'à la copie des Présentes, qui sera imprimée tout au long au commencement ou à la fin dudit Ouvrage, foi soit ajoutée comme à l'Original. Commandons au premier notre Huissier ou Sergent sur ce requis de faire pour l'éxécution d'icelles tous actes requis & nécessaires, sans en demander autre permission, & nonobstant clameur de Haro, Chartre Normande & Lettres à ce contraires. Car tel est notre plaisir. Donné à Versailles le quinziéme jour de Février, l'an de Grace mil sept cens soixante, & de Notre Régne le quarante-cinquiéme.

PAR LE ROY EN SON CONSEIL.

LE BÈGUE.

Je soussigné, Charles Binet de la Bretonniere, ai cédé le présent Privilége à Monsieur de Keranflech, comme Auteur du Manuscrit y mentionné. A Paris, ce 5 Mars 1760.

BINET DE LA BRETONNIERE.

J'ai cédé à JULIEN-CHARLES VATAR, fils, Imprimeur-Libraire, au Parnasse, à Rennes, mon présent Privilége, pour en jouir en mon lieu & place. A Rennes, ce troisiéme Août mil sept cens soixante.

C. H. DE KERANFLECH.

Regiſtré le préſent Privilége, enſemble la ceſſion, ſur le Regiſtre XV de la Chambre Royale & Syndicale des Libraires & Imprimeurs de Paris, N°. 3202, f°. 52, conformément au

Réglement de 1723, qui fait défenses, article 41, à toutes personnes, de quelque qualité & condition qu'elles soient, autres que les Libraires & Imprimeurs, de vendre, débiter, faire afficher aucun Livre pour les vendre en leurs noms, soit qu'ils s'en disent les Auteurs ou autrement, & à la charge de fournir à la susdite Chambre neuf exemplaires prescrits par l'article 108 du même Réglement. A Paris, ce 7 Mars 1760.

     MOREAU, Adjoint.

ERRATA.

Page.	Ligne.	
15	21,	ni, *lisez* : & dans les chaleurs, &c.
20	9,	*effacez* : mais.
84	21,	*ajoutez* : & comme cette planète & les autres.
96	18,	force, *lisez* : forme.
100	7,	Il est, *lisez* : & il est.
109	9,	les, *lisez* : les interstices.
119	21,	moins, *lisez* : plus transparentes.
131	18,	inclination, *lisez* : inclinaison.
132	12,	l'autorité, *lisez* : l'austérité.
214	29,	que les, *lisez* : que sur les autres.
215	15,	par, *lisez* : pour.
225	17,	couverts, *lisez* : ouverts.
228	18,	n'ait eu, *lisez* : n'ayent.
232	15,	*effacez* : qu'elle.
236	20,	attirer, *lisez* : altérer.
240	14,	ailleurs, *ajoutez* : des atmosphères.
243	14,	pouce, *ajoutez* : cube.
271	17,	parties, *lisez* : partis.
286	10,	la, *lisez* : la pesdeur.
290	26,	efforts, *lisez* : ressorts.
301	8,	mouvement, *lisez* : moments.
321	14,	faire, *lisez* : de faire.
342	20,	*effacez* : jusqu'ici.
349	21,	de-là, *lisez* : dès-là.
316	27,	son, *lisez* : le.

www.ingramcontent.com/pod-product-compliance
Lightning Source LLC
Chambersburg PA
CBHW070445170426
43201CB00010B/1215